Eric-Emmanuel Schmitt

HÔTEL DES DEUX MONDES

AF705074

Vocabulaire
par
Barbara Herzberg

Ernst Klett Sprachen
Stuttgart

Table des matières

Personnages 3

Hôtel des deux mondes (texte intégral et notes) 4

Textes complémentaires

Schmitt sur *Hôtel des deux mondes* 77
Est-ce que notre vie nous appartient ? 80

Personnages

Julien Portal
Le Mage Radjapour
Le Docteur S…
Le Président Delbec
Laura
Marie

Le jeune homme en blanc (rôle muet)
La jeune femme en blanc (rôle muet)

Décor unique

Avant tout, un bruit très étrange, comme celui d'un immense courant d'air...

Ce vent d'une puissance infinie donne l'impression d'avoir la force de tout aspirer sur son passage, de pouvoir emporter n'importe quoi sur les ailes de son souffle, des humains, des bateaux, des arbres, des maisons...

Ce mugissement enfle, gonfle, râle, s'arrondit jusqu'à l'insupportable puis disparaît en quelques secondes. Sur ses derniers murmures, on entend le bruit d'un ascenseur qui s'arrête.

La scène s'éclaire.

Salle de réception d'un hôtel.

D'un confort discret, sous une lumière tamisée et artificielle, cette réception offre les traditionnels fauteuils autour des tables basses, le bureau – pour l'instant vide – et distribue ses éventuels pensionnaires vers deux couloirs qui mènent aux chambres, l'un surmonté de la lettre V, l'autre de la lettre A.

Le voyant lumineux au-dessus de l'ascenseur indique que quelqu'un est en train d'arriver. Tintement. Les battants s'ouvrent.

Un peu hagard, comme choqué, Julien, un homme encore jeune, couvert d'un imperméable clair, se frotte la tête d'une main, s'appuyant de l'autre sur les parois de l'ascenseur. Après s'être massé le front, il mobilise ses forces et passe lentement le seuil. Il marche de façon peu assurée, comme s'il venait de subir un accident qui l'aurait déséquilibré.

Il regarde un instant autour de lui, puis s'approche du comptoir de la réception. Un employé longiligne habillé en blanc apparaît immédiatement et lui sourit gentiment.

Julien s'appuie sur le bureau.

---

1 **étrange** bizarre – 3 **infini,e** ≠ fini – 4 **aspirer** *ici:* einsaugen – 5 **le souffle** *ici:* Wind(hauch), Luft(zug) – 7 **un mugissement** le bruit du vent – **enfler** augmenter – **gonfler** *ici:* devenir plus fort – **râler** *ici:* röcheln, stöhnen – **s'arrondir** *ici:* augmenter – 8 **un murmure** Murmeln – 12 **tamiser** filtrer – **artificiel,le** künstlich – 15 **mener** conduire – **surmonté,e** *ici:* qui porte – 17 **un voyant lumineux** Leuchtzeichen – **indiquer** montrer – 18 **un tintement** Klingeln – **un battant** *ici:* une porte – 19 **hagard,e** verstört – 20 **couvert,e** *ici:* habillé – **un imperméable** Regenmantel – **se frotter** *ici:* se masser – **s'appuyer** sich stützen – 21 **une paroi** un mur – 22 **le seuil** Schwelle – 23 **subir** *ici:* avoir – 24 **déséquilibrer** aus dem Gleichgewicht bringen – 25 **un comptoir** *ici:* une table – 26 **longiligne** grand et maigre

Julien Où suis-je ?

Pour toute réponse, l'homme lui tend doucement une clé. Julien la saisit.

Julien Vous avez raison, je vais aller me reposer.

L'homme fait un signe. Une femme en blanc, tout aussi souple et silencieuse, apparaît et s'approche de Julien. Comme si elle lui avait parlé, Julien lui répond.

Julien Oui, j'ai des bagages, ils sont dans ma voiture mais… *(Il cherche ses clés dans les poches de son imperméable et ne les trouve pas. Avec découragement :)* Laissez tomber… nous verrons ça plus tard…

L'employée le prend par le bras et commence à le conduire vers le couloir V. Julien s'arrête subitement et se retourne.

Julien Vous avez besoin de mon nom, peut-être… si quelqu'un m'appelle…

Le jeune homme lui montre alors le registre de l'hôtel.

Julien Ah… vous l'avez déjà inscrit… bien… *(Il semble assez déconcerté.)*… oui, vous avez raison, je vais aller me reposer…

L'employée le soutient solidement. Ils disparaissent dans le couloir V.

Du couloir A viennent alors deux personnages.

En robe de chambre soyeuse, le Mage Radjapour regarde dans le hall.

Le Mage Je vous dis qu'il y a un nouveau !

Le Président le suit, un homme sec, conventionnel, vêtu avec la discrétion sévère des hommes qui s'estiment avant tout respectables.

Le Président Mais non, je n'ai rien entendu.

Le Mage Normal, vous êtes aussi sourd qu'une batterie de cuisine.

Le Président *(vexé)* Pardon ?

Le Mage Vous voyez ! *(Il se tourne vers l'employé de la réception.)* Raphaël, quelqu'un vient d'arriver, n'est-ce pas ?

Le jeune homme sourit.

---

2 **tendre** *ici:* donner – **une clé** Schlüssel – 3 **saisir** *ici:* prendre – 5 **souple** *ici:* gracieux – 6 **silencieux, -euse** → le silence – 8 **un bagage** une valise – 10 **le découragement** → le courage – 13 **subitement** tout à coup – 17 **inscrire** *ici:* noter – **déconcerté,e** *ici:* troublé (verwirrt) – 19 **soutenir** stützen – 21 **une robe de chambre** *f* Morgenrock – **soyeux, -euse** en *soie* (Seide) – **un mage** Magier – 23 **vêtu,e** habillé – 24 **s'estimer** se croire, se trouver – 26 **sourd,e** taub – **une batterie** *ici:* Set – 27 **vexé,e** beleidigt

LE MAGE *(y lisant une approbation)* Ah, il m'avait bien semblé.

LE PRÉSIDENT *(surpris)* Vous l'appelez Raphaël, vous ? Moi, je l'appelle Gabriel.

LE MAGE Et il vous répond ?

LE PRÉSIDENT Naturellement.

LE MAGE Donc nous avons tous les deux raison.

LE PRÉSIDENT Sûrement pas. *(Se tournant vers la réception :)* Gabriel, vous appelez-vous Raphaël ou Gabriel ?

Le jeune homme a déjà disparu sans un mot.

LE MAGE *(s'asseyant)* Pourquoi ne pouvez-vous pas supporter que nous ayons raison tous les deux ?

LE PRÉSIDENT Parce que vous dites une chose, et que j'en dis une autre.

LE MAGE Eh bien ?

LE PRÉSIDENT La vérité est nécessairement l'une ou l'autre chose mais pas les deux. Ou bien. Ou bien. Ou bien vous avez raison et j'ai tort. Ou bien j'ai raison et vous avez tort.

Le Mage Votre vérité ne peut tolérer la mienne ?

Le Président Evidemment.

LE MAGE Je vois… Un peu comme une femme mariée : ça ne se partage pas.

Le Président Je n'ai jamais partagé la Présidente avec qui que ce soit.

Le Mage Je vous crois d'autant plus que vous m'avez montré sa photo hier.

LE PRÉSIDENT *(vexé)* Pardon ?

LE MAGE *(répétant comme s'il parlait à un sourd)* Vous m'avez montré sa photo hier !

Le Mage déplie son journal et commence à lire. Cela ne retient pas le Président de parler.

LE PRÉSIDENT Avez-vous vu le Docteur S… aujourd'hui ? *(Le Mage va pour répondre.)* Moi, toujours pas. J'ai formulé expressément une demande de rendez-vous ce matin et l'on n'y a toujours pas répondu. Est-ce qu'on peut traiter les gens comme ça ? Je vous le demande ?

---

1 **l'approbation** *f, ici:* la confirmation – 10 **supporter** *ici:* accepter – 17 **avoir tort** ≠ avoir raison – 21 **partager** teilen – 22 **qui que ce soit** wer auch immer – 29 **déplier** *ici:* ouvrir – **retenir** *ici:* empêcher

(Le Mage va pour répondre.) C'est totalement inadmissible. Des dossiers précis et exhaustifs ont pourtant été constitués sur chacun d'entre nous, le Docteur S… devrait savoir à qui il a affaire. Croyez-vous que ce docteur soit seulement compétent ? *(Le Mage va pour répondre.)* Je constate qu'aujourd'hui on forme les médecins en dépit du bon sens, on les truffe de connaissances comme on gave une dinde de Noël mais on ne leur apprend pas l'essentiel : les usages. Avec cette médecine moderne, nous n'avons plus affaire à des gens cultivés mais seulement à des barbares qui détiennent des informations. N'êtes-vous pas de mon avis ? *(Le Mage ouvre la bouche.)* Naturellement, c'est la pourriture de cette génération, ils n'ont jamais eu faim ni froid, ils n'ont jamais connu la guerre, ils ont le cul dans le beurre depuis leur naissance, alors n'est-ce pas !

Le Mage Président, est-ce que vous appréciez les réponses que je donne à vos questions ?

Le Président Pardon ?

Le Mage *(comme s'il était sourd)* Est-ce que vous aimez mes réponses ?

Le Président Qu'est-ce que vous me chantez là ? J'apprécie beaucoup votre conversation mais taisez-vous lorsque je vous parle.

Le Mage pousse un soupir et reprend son journal.

Le Mage Le bruit que je fais en lisant ne vous dérange pas ?

Le Président Pardon ?

A cet instant entre Marie.

Marie J'ai bordé quatre fois mon lit, astiqué cinq fois le lavabo, défroissé mes rideaux, ch'sais vraiment plus quoi faire de moi. Vous n'auriez pas des petits travaux, ch'sais pas, des boutons à recoudre ? Il n'est pas défait, votre ourlet ?

---

1 **inadmissible** intolérable – 2 **exhaustif, -ive** complet – 5 **constater** remarquer – 6 **en dépit du bon sens** très mal – **truffer** remplir – **gaver** mästen – 7 **une dinde** Pute – 8 **les usages** *m* Sitten – 9 **détenir** *ici:* avoir – 11 **la pourriture** *ici:* Verkommenheit – 13 **avoir le cul dans le beurre** *fam* im gemachten Nest leben – 14 **apprécier** *ici:* aimer – 20 **lorsque** quand – 22 **un soupir** Seufzer – 26 **border son lit** faire son lit – **astiquer** putzen – **un lavabo** Waschbecken – 27 **défroisser** glatt streichen – **un rideau** Vorhang – **ch'sais** *fam* je sais – 28 **recoudre** → coudre – 29 **défait,e** *ici:* ausgerissen – **un ourlet** Saum

LE PRÉSIDENT *(normalisant leur rapport)* Madame, avez-vous été reçue par le Docteur S... ?

MARIE Non. J'avais demandé pourtant.

LE PRÉSIDENT C'est inadmissible. On nous traite comme des femmes de ménage !

LE MAGE *(choqué)* Président !

MARIE *(ravie)* Il s'est pas trompé, le monsieur, j'suis bien femme de ménage.

LE PRÉSIDENT Ah !

LE MAGE Monsieur le Président, personne n'a de recommandation ici.

Le Président L'égalitarisme, je suppose ? La lèpre républicaine s'est infiltrée partout. On ne considère plus qui est qui. La valeur d'un homme n'a plus d'importance.

Le Mage Pour moi, ce qui fait la valeur d'un homme, c'est qu'il est un homme, rien d'autre.

Le Président Sottise ! Dangereuse sottise !

MARIE *(au Mage)* Monsieur a raison : on ne peut tout de même pas comparer un Président et une femme de ménage.

LE PRÉSIDENT Ah, vous voyez ! Même elle, elle le reconnaît ! Et, chère madame, quelle est la différence, à votre avis ?

Marie Ben...

Le Président Si, si, j'insiste. Pour instruire notre ami *(plus fort)* et le Docteur S... s'il nous entend, quelle est, de votre point de vue, la différence entre un Président et une femme de ménage ?

Marie De mon point de vue ? Ben d'abord c'est une histoire de bureau...

LE PRÉSIDENT *(l'encourageant)* Oui ?

MARIE Un Président salit le bureau, une femme de ménage le nettoie.

LE MAGE *(amusé)* Continuez.

---

7 **ravi,e** très content – **une femme de ménage** *m* Putzfrau – 10 **une recommandation** Empfehlung – 12 **supposer** *ici:* croire (annehmen) – 13 **considérer** *ici:* faire attention – **une valeur** Wert – 17 **une sottise** une bêtise – 28 **encourager qn** donner du courage à qn – 20 **salir** → sale – 30 **nettoyer** astiquer

Marie Pis c'est une façon de parler aussi. Un Président cause à tous les gens comme s'ils étaient de la merde, alors qu'une femme de ménage comme si c'était elle, la merde.

Le Mage Et puis ?

Marie Un Président, ça a tout un attelage de titres qui ronflent devant et derrière son nom : Monsieur le Président Truc, Directeur général de la Société immobilière des Actions Bidule, Membre du Conseil d'administration de Chose, Officier de la Légion d'honneur... Une femme de ménage, ça n'a que son nom, et même pas, ça le perd très vite pour garder qu'un prénom. Et encore... ça a intérêt à s'appeler déjà Marie, sinon, vu que les patrons n'ont pas de mémoire, ça le deviendra très vite.

Le Mage *(se tournant vers le Président)* Effectivement, il est étonnant que, malgré ces essentielles différences, le Docteur S... ne vous ait pas reçu.

Entre alors Julien. Il semble aller un peu mieux.

Julien Bonjour.

Les autres se lèvent pour l'accueillir.

Julien Je suis Julien Portal.

Le Mage Laissez-moi vous présenter monsieur le Président Delbec, madame Martin.

Marie ... Marie Martin. Marie, comme par un fait exprès.

Le Mage Et moi-même, Mage Radjapour.

Julien Excusez-moi, je vais vous paraître stupide : je ne sais pas très bien ce que je fais ici. Je ne me souviens pas d'avoir réservé une chambre dans cet hôtel et pourtant, lorsque je suis arrivé, mon nom était inscrit sur le registre. Où est le responsable ? Où sommes-nous exactement ?

Le Mage Qu'entendez-vous par « exactement » ?

Julien Quelle ville ? Quelle route ?

Le Mage Je n'en sais rien.

Julien Comment ? Vous venez aussi d'arriver ?

---

1 **pis** *fam* puis – **causer** parler – 5 **un attelage** *ici:* beaucoup – **ronfler** *ici:* hochtrabend sein – 11 **sinon** sonst – **un patron** un chef – 13 **étonnant,e** surprenant – 18 **accueillir** → un accueil – 22 **comme par un fait exprès** als wäre es Absicht

Le Mage Oh non. Je suis le plus vieux pensionnaire de cet hôtel. Je me suis installé ici il y a six mois.

Julien S'il vous plaît, je me sens l'esprit très confus ce matin, je n'arrive pas à me faire comprendre. Comment s'appelle l'hôtel ?

Les trois clients se taisent. Julien les regarde un à un. Ils ne disent rien. Julien se refrotte le crâne.

Marie lui pose la main sur l'épaule.

Marie Vous avez eu un accident de voiture ?

Julien Oui… non… *(Il réfléchit intensément.)* Je ne sais pas. J'étais sur l'autoroute, oui, il faisait nuit. Même si j'avais bien arrosé mon repas, je contrôlais ma voiture, une Parodéo, le dernier modèle, la C6, vous connaissez ?

Le Mage Je ne distingue que deux sortes de voitures : celles qui ont une pancarte « Taxi » sur le toit et celles qui n'en ont pas.

Julien Je roulais vite mais j'étais maître de mon véhicule. Je rentrais chez moi.

Marie Quelqu'un vous attendait ?

Julien *(tête baissée)* Non.

Marie Faut toujours avoir quelqu'un qui vous attend… seul moyen d'éviter les accidents.

Julien *(indigné)* Mais je n'ai pas eu d'accident.

Ils le regardent avec gentillesse, mais encore plus de scepticisme.

Julien *(protestant)* Je n'ai pas eu d'accident ! Je n'ai pas eu d'accident.

Ils se taisent. Julien se rassoit.

Julien J'ai dû me rendre compte que je somnolais lorsque je suis entré me reposer dans ce motel.

Le Mage Un motel ! Qu'il est drôle ! Un motel !

Marie et le Mage ne peuvent s'empêcher de rire. Le Président se force à se joindre à leur hilarité.

A cet instant, le jeune homme en blanc traverse la pièce. Il les regarde une seconde avec un sourire tendre.

---

5 **se taire** s'arrêter de parler – 6 **le crâne** la tête – 7 **une épaule** Schulter – 10 **bien arroser (un repas)** boire beaucoup (pendant un repas) – 13 **distinguer** différencier – 14 **une pancarte** Schild – 15 **être maître de qc** etwas beherrschen – **un véhicule** *ici:* une voiture – 20 **éviter** verhindern – 21 **indigné,e** empört – 25 **somnoler** dormir à demi – 29 **l'hilarité** *f* une explosion de rires – 31 **tendre** doux

Ils cessent immédiatement de ricaner.

MARIE *(un peu honteuse)* Vous avez raison, Emmanuel, on n'est pas gentils d'se moquer.

LE PRÉSIDENT *(surpris)* Vous l'appelez Emmanuel, vous ?

L'employé est reparti.

JULIEN Pouvez-vous m'aider ?

LE MAGE *(à Julien)* En vérité, croyez-en mon expérience, vous n'avez qu'un seul moyen de comprendre où vous êtes, c'est de demander à chacun d'entre nous ce qu'il faisait juste avant d'entrer ici.

Marie approuve de la tête. Après quelques instants, le Président aussi.

LE PRÉSIDENT Si ça peut vous aider…

JULIEN C'est absurde…

LE MAGE Il n'y a pas d'autre moyen.

MARIE Il a raison. *(A Julien)* Demandez-moi. *(Julien ne réagit pas.)* Mais demandez-moi, nom de Dieu ! *(Julien fait une grimace interloquée que Marie interprète positivement.)* Il m'a demandé. *(Elle soupire d'aise et commence son récit.)* Marie, mes parents, ils m'ont appelée, Marie. Fichue bonne idée, ça ! J'ai torché et torchonné toute ma vie. Ils m'ont collé le nom de Marie sur le front parce qu'ils savaient que le balai, l'éponge et la serpillière, ç'allait être mon rayon. Papa, il était ouvrier agricole, bel homme, très brun, très poilu, rasé de près le matin et déjà bleu à midi et ça vous savez c'que ça veut dire : tous ces poils qui poussent, qui percent, c'est la force de l'homme, ça veut dire qu'il y a beaucoup de sperme à l'intérieur, ça veut dire qu'il veut baiser tout le temps. Maman, elle pondait un petit frère ou une petite sœur tous les printemps. Y en avait douze derrière moi. Alors il fallait que je l'aide beaucoup, parce qu'elle était toujours un peu fatiguée. Heureusement, comme le treizième, Pascalito, il est venu pas bien normal – qu'il avait une face épatée de tournesol et qu'il faisait rien à temps comme les autres –, les parents, ils ont dit partout que ça venait de c'qu'il

---

1 **ricaner** rire bêtement – 2 **honteux, -euse** → la honte – 10 **approuver** *ici:* zustimmen – 16 **interloqué,e** fassungslos – 18 **fichu,e** *fam* misérable – **torcher** *fam* putzen – 19 **torchonner** *fam* wischen – **coller** *ici:* donner – 20 **un balai** Besen – **une éponge** Schwamm – **une serpillière** Scheuerlappen – 21 **un rayon** *fam ici:* un domaine – 22 **poilu,e** behaart – 23 **percer** durchbrechen – 25 **baiser** *fam* faire l'amour – 26 **pondre** *fam* avoir – 30 **une face épatée** ein plattes Gesicht – **un tournesol** Sonnenblume

était tombé du char de betteraves, et Papa il a mis la capote. Moi, je pense que Maman, à force, elle avait dû casser le moule.

LE PRÉSIDENT *(horrifié)* Raccourcissez, enfin, raccourcissez.

MARIE Ch'sais pas faire court. Vu qu'on m'laisse jamais parler, quand par hasard je cause, je peux plus m'arrêter.

Bref, toujours est-il que je torchonnais du chant du coq jusqu'au petit rot du dernier, qu'j'avais jamais une seconde à moi pour rêver, c'qui fait que, pour mes dix-huit ans, le premier gars qui m'a un peu touché la culotte au bal, je l'ai laissé me rouler dans sa vieille tôle et que j'ai quitté la maison pour emménager avec lui et ma petite. J'l'avais choisi parc'qu'il ressemblait à Papa, question système pileux, mais Papa y travaillait, lui, et y pouvait nourrir tous ses enfants, tandis que moi, le mien, l'était bon à rien, le poil, il l'avait aussi dans la main. Fainéant comme ça, c'est qu'on est mort, normalement ! Vlan, c'était reparti : il a fallu que je refasse des ménages, pour le nourrir lui, puis les deux autres après – j'ai eu que des filles, j'suis bonne qu'à ça – et, en retour, même pas un merci, rien, ni un câlin, ni un saute-moi dessus, rien, ça non plus il avait pas l'courage. C'est vrai qu'un peu de chiennerie, même si c'est bâclé, ça fait que la femme se sent toujours une femme.

LE PRÉSIDENT Mais abrégez !

Marie Ch'sais pas, j'vous dis.

Le Président On vous demande la fin, pas le début.

Marie Y a rien à raconter, dans ma vie, alors quand je la raconte, je raconte tout, fallait pas me demander. Enfin, toujours est-il qu'un jour il est parti chercher du tabac et puis qu'il est jamais revenu, ce qu'était pas plus mal au fond sinon que ça m'a pas aidée à me sentir plus belle. Enfin, mes filles ont grandi. Je sais pas de qui elles tenaient, ces trois-là, peut-être de leur grand-père, toujours est-il

---

1 **un char** *ici:* Wagen – **une betterave** Rübe – **une capote** *fam* un préservatif – 2 **un moule** Gießform – 3 **raccourcir** → court – 5 **un hasard** Zufall – 7 **un rot (pour un bébé)** Bäuerchen – 8 **un gars** *fam* un garçon – 9 **une culotte** Höschen – **rouler qn** *fam* *ici:* flachlegen – 10 **une tôle** *fam* une voiture – **emménager** *ici:* habiter – 11 **question…** was… betrifft – 12 **le système pileux** Behaarung – 13 **avoir un poil dans la main** être paresseux – 14 **fainéant,e** paresseux – 18 **un câlin** Liebkosung – **un saute-moi dessus** *fam* Bumserei – 19 **la chiennerie** *fam* kleine Nummer – 20 **bâclé,e** *ici:* qui est fait vite et sans soin – 21 **abréger** rendre *bref* (kurz)

qu'elles avaient le feu au cul que c'était pas imaginable, qu'elles changeaient d'homme plus vite que de culotte et que j'ai eu tous les problèmes du monde à les mettre en ménage et à les faire arrêter de courir le saucisson. Y a un mois, j'ai enfin pris ma retraite anticipée.

Toute ma vie, je m'étais dit que mon dernier patron, le dernier jour, j'y dirais merde. Au lieu de ça, en rangeant mes balais et mes pelles, j'ai été prise de lourdeur, je me suis mise à frissonner, et tout d'un coup, comme ça, au milieu d'un salon qu'était même pas chez moi, j'ai valdingué les quatre fers en l'air sur le tapis. A l'hôpital, ils ont été très gentils. J'en revenais pas que ce soit si bien l'hôpital. Tout propre, tout blanc sans que ce soit moi qui gratte et qui torchonne. Les repas préparés. Des jeunes gens souriants. J'crois que les plus beaux jours de ma vie, je les aurai passés à l'hôpital. Ils m'ont dit que j'avais le cœur fatigué, usé, anormalement pour mon âge. Ils m'ont prescrit une maison de repos. Quand je suis entrée là, dans un ancien château, La Ferronnière, au milieu d'un parc, avec tout le monde qui faisait attention à moi et qui me servait du madame en veux tu en voilà, j'ai vraiment eu l'impression d'être devenue une princesse. Même le jardinier, tous les matins, y m'apportait une rose dans ma chambre en me faisant bien bas une révérence cul fendu que j'en devenais toute rouge. Hier, je suis descendue dans le grand escalier en m'accrochant bien à la rampe, je me suis dit qu'ici, enfin, j'étais bien, que j'allais enfin réfléchir à tout ce que j'avais pas eu le temps de penser, la vie, la mort, Dieu, tout ça, j'ai eu le sentiment que j'avais les yeux et les poumons qui se dégageaient, qu'une nouvelle vie allait commencer, ça vibrait autour de moi comme si j'entendais la respiration des choses, je me suis dit : « Ce doit être ça être heureuse », et vlan !

JULIEN Vlan ?

---

1 **avoir le feu au cul** *fam* scharf/geil sein – 3 **un ménage** *ici:* un couple – 4 **courir le saucisson** *fam* courir après les hommes – **la retraite anticipée** Frührente – 7 **une pelle** Schaufel – 8 **une lourdeur** une fatigue – **frissonner** trembler (zittern) – 10 **valdinguer** *fam* tomber – **les quatre fers** *m* **en l'air** *m* sur le dos – 12 **gratter** *ici:* scheuern – 15 **usé,e** vieux – 16 **prescrire** verschreiben – 19 **en veux tu, en voilà** mehr als genug – 20 **un jardinier** qn qui travaille dans le jardin – 21 **une révérence** Verbeugung – 22 **cul fendu** Bückling – 23 **une rampe** *ici:* Geländer – 26 **se dégager** se libérer

MARIE J'ai refait une attaque.

JULIEN Et depuis ?

MARIE Ch'suis là.

JULIEN C'est une clinique, ici ? Ce n'est pas un hôtel ?

LE MAGE Attendez. A vous, cher Président.

LE PRÉSIDENT Je serai bref. Mon dernier souvenir avant de me retrouver ici remonte à avant-hier. Je sortais de chez moi, comme chaque matin, à huit heures pétantes. J'ai poussé la grille et j'ai aperçu un cycliste qui roulait sur le trottoir. C'était un jeune, naturellement. Il a agité le grelot ridicule de son vélo. J'ai pensé : « Ce petit crétin va s'arrêter, il n'a pas le droit de rouler sur le trottoir. » J'ai fait deux pas, puis j'ai été subitement soulevé, projeté contre un banc, j'ai senti que mon crâne heurtait l'angle de pierre. Voilà.

Le Mage Il venait de la gauche ?

Le Président Evidemment !

Le Mage Vous êtes une victime du règlement.

Le Président J'ai toujours respecté toutes les lois. C'est ce décérébré sur pédales qui ne les a pas suivies.

JULIEN *(au Mage)* Et vous ?

LE MAGE Coma diabétique.

JULIEN Où sont les médecins ? Les infirmiers ? Pourquoi nos chambres ne sont-elles pas équipées d'appareils pour les soins ?

Le Mage Nous ne nous trouvons pas dans un hôpital.

Julien Enfin ! Nous ne sommes pas aux urgences ?

Le Président Non.

Le Mage Réfléchissez.

Marie Dans quel couloir êtes-vous ? Le couloir A ou le couloir V ?

Julien Celui-ci.

Le Mage Le couloir V ? Alors vous n'avez pas eu d'accident !

Julien Naturellement, je n'ai pas eu d'accident, c'est ce que je vous disais. *(Réfléchissant.)* Que signifie le couloir V ? Pourquoi un couloir V, un couloir A ?

---

7 **remonter à** dater de – 8 **pétant,e** *ici:* exact, précis – **une grille** Gitter(tür) – 9 **un cycliste** qn qui est à vélo – 10 **un grelot** une sonnette (Klingel) – 11 **un crétin** un idiot – 12 **soulever** hochheben – **projeter** *ici:* schleudern – 13 **heurter qc** gegen etwas stoßen – **un angle** un coin – 17 **un décérébré** *fam* un idiot – 24 **les urgences** *f* Notaufnahme – 31 **signifier** vouloir dire

Le Mage Vous allez sans doute rencontrer le Docteur S...

Julien Vous me dites que nous ne sommes pas dans un hôpital et cependant il y a un docteur.

MARIE S... Le Docteur S...

JULIEN Je veux le voir immédiatement.

Le Président Ah, mon cher, on ne rencontre pas le Docteur S... comme ça.

Le Mage Il suffit même de le vouloir pour ne pas le pouvoir.

Marie Vous êtes sûr de ne pas vous être balancé exprès contre votre platane ?

Julien Quel platane ? De quoi parlez-vous ?

Le Mage Vraiment ? Avec tout ce que nous nous sommes dit, vous ne comprenez pas ? Coma... Crise cardiaque... Accident de la route... Vous ne faites pas le rapport entre nos derniers souvenirs ?

JULIEN *(se levant et regardant autour de lui)* Vous voulez dire que...

Ils approuvent de la tête.

LE MAGE Nos derniers souvenirs sont tous, malheureusement, des... derniers souvenirs.

JULIEN *(osant à peine prononcer ce qu'il pense)* C'est ici ? Nous sommes... morts ?

Les trois autres éclatent de rire.

JULIEN *(se mettant à crier)* Mort ! Je suis mort !

Les trois autres rient encore.

JULIEN *(secouant le Mage)* Mais répondez, nom de Dieu ! Je suis mort et cela vous fait rigoler.

LE MAGE Remarquez que si vous l'êtes, nous le sommes aussi.

Et, irrésistiblement, cela déclenche un nouveau fou rire chez les trois pensionnaires.

JULIEN Je suis tombé chez des fous, je ne reste pas une seconde de plus ici.

Le Président a un rire à part. Julien, en colère, se précipite vers l'ascenseur.

MARIE Il va encore y avoir de la casse.

Julien cherche frénétiquement le bouton de l'ascenseur.

---

9 **se balancer** *ici:* se jeter – 13 **une crise cardiaque** Herzinfarkt – 24 **secouer** agiter vivement – 27 **déclencher** provoquer – 31 **se précipiter** aller très vite

JULIEN Je veux sortir.

LE MAGE On ne peut pas appeler cet ascenseur.

JULIEN *(furieux)* Très bien. Je prendrai l'escalier de service.

LE MAGE Il n'y en a pas.

JULIEN Vous êtes fou à enfermer, vous.

LE MAGE *(joyeusement)* C'est fait !

Nouveau fou rire des pensionnaires.

Julien se précipite dans un couloir.

MARIE C'est toujours aux enterrements que je pique des fous rires.

Julien, écumant de rage, repasse en courant.

JULIEN Je le trouverai !

Il sort dans l'autre couloir.

LE MAGE *(en haussant les épaules)* Il doit essayer.

MARIE C'est normal qu'il n'y croie pas : il s'est pas vu partir…

LE MAGE La première nuit ici, j'avais même essayé de creuser le sol de ma chambre.

Julien revient, essoufflé, en nage, dans la réception.

JULIEN C'est scandaleux ! Pas d'issues et des fenêtres opaques qui ne s'ouvrent pas. Si vous ne m'indiquez pas la sortie immédiatement, je vais briser les vitres et je me jette de l'étage.

LE MAGE *(sans même se retourner)* Naturellement.

MARIE Je vous avais dit qu'il y aurait de la casse !

Julien disparaît dans le couloir V, il rejoint sa chambre et on l'entend projeter les meubles contre la fenêtre.

MARIE J'aime pas qu'on casse. Ça me fend le cœur. Des pauvres objets qui y sont pour rien.

Le Mage Quelle importance ?

Marie Ça doit être une déformation professionnelle. Dans le ménage, on est tellement habitué à rester seul dans les maisons et à prendre soin des choses qu'on finit même par leur parler. Quand on frotte l'argenterie, on pense qu'on lui fait sa toilette. Quand on met de la cire sur une table, on a l'impression de la nourrir.

---

6 **joyeux, -euse** gai – 9 **un enterrement** Beerdigung – 10 **écumer de rage** *f* être très en colère – 13 **hausser les épaules** mit den Schultern zucken – 15 **creuser** graben – 17 **essoufflé,e** außer Atem – **en nage** *f* durchgeschwitzt – 18 **une issue** une sortie – 20 **briser** casser – 23 **rejoindre** *ici:* aller dans – 30 **prendre soin** s'occuper – 31 **l'argenterie** *f* Tafelsilber – **faire sa toilette** se laver – 32 **la cire** Wachs

Quand on casse, on a l'impression d'avoir fait mal à une personne, on s'excuse, on bredouille, on porte les débris à la poubelle en se sentant coupable.

Julien fait irruption, épuisé, défait.

JULIEN C'est insensé ! Les vitres ont résisté. Je me trouve en prison ou quoi ? Cet endroit n'est pas réel !

LE MAGE Vous n'y êtes pas entré de votre plein gré, vous n'en sortirez pas de votre plein gré.

Julien se sent subitement faible. Le Mage se précipite pour le soutenir.

LE MAGE Allons…

JULIEN *(blanc)* Ce n'est pas vrai… je ne suis pas mort… je ne suis pas mort…

MARIE Il commence à réaliser.

Ils l'assoient au milieu d'eux.

JULIEN *(fébrile)* Pourtant je suis vivant, bien vivant.

LE MAGE Oh, vous avez déjà connu des situations plus étranges. Dans vos rêves, vous êtes vivant aussi, vous avez un corps, vous vous baignez dans une eau bleue et cependant vous êtes nu dans votre lit.

JULIEN *(se touchant)* Je vis…

LE MAGE Pour vous prouver que vous vivez, il faudrait vous tuer. Oui. Si vous réussissez, c'est que vous étiez bien vivant avant. Par contre, si vous échouez, cela pourra encore signifier deux choses : soit que vous êtes déjà mort, soit que vous êtes immortel.

JULIEN Je deviens fou.

LE MAGE C'est aussi une solution.

LE PRÉSIDENT *(ironique)* C'est une solution.

Le jeune homme et la jeune femme en blanc entrent soudain dans la pièce, comme s'ils précédaient quelqu'un d'important.

LE MAGE Ah, le Docteur S… va venir.

LE PRÉSIDENT *(se levant)* J'avais pris rendez-vous !

---

2 **bredouiller** parler confusément – **les débris** *m* les morceaux – 3 **coupable** schuldig – 4 **faire irruption** entrer tout à coup – **épuisé,e** très fatigué – **défait,e** *ici:* aufgelöst – 5 **insensé,e** absurde – 7 **de son plein gré** volontairement – 15 **fébrile** fiévreux (→ la fièvre) – 18 **nu,e** qui ne porte pas de vêtements – 23 **échouer** ≠ réussir – 24 **immortel,le** qui ne meurt jamais – 29 **précéder qn** être/marcher devant qn

Les deux jeunes gens regardent intensément le Mage, Marie et le Président. Ceux-ci semblent entendre quelque chose.

MARIE *(déçue)* Ah bon.

LE MAGE *(idem)* D'accord.

LE PRÉSIDENT *(indigné)* Enfin, j'étais ici avant monsieur. *(Se tournant agressivement vers Julien.)* Qu'est-ce que vous faites dans la vie, vous ?

Julien (d'une voix blanche) Rédacteur en chef d'un journal sportif.

LE PRÉSIDENT Alors ! Vous ne trouvez pas que le président de trois grandes sociétés, ça vaut plus qu'un rédacteur en chef ? Non ?

Les employés insistent.

Les trois anciens pensionnaires se lèvent. Le Mage se penche gentiment vers Julien.

LE MAGE C'est à vous que veut parler le Docteur S…

JULIEN Qui vous l'a dit ?

LE MAGE Mais Raphaël !

LE PRÉSIDENT Mais Gabriel !

MARIE Emmanuel !

Ils quittent la pièce.

Le jeune homme et la jeune fille les suivent.

Julien attend.

Une femme entre. Elégante mais sévère, elle porte des dossiers sous son coude, comme un médecin qui ferait son tour de visite à l'hôpital.

LE DOCTEUR S… Julien Portal ?

JULIEN Oui ?

LE DOCTEUR S… Bonjour, je suis le Docteur S…

Julien a un mouvement de surprise. Le Docteur S… a un sourire qui le met à l'aise. Elle lui fait signe de s'asseoir.

LE DOCTEUR S… *(doucement)* Avez-vous peur ?

JULIEN Un peu.

LE DOCTEUR S… Avez-vous compris où vous vous trouvez ?

JULIEN Dites-moi que ce n'est pas vrai !

LE DOCTEUR S… A deux cents à l'heure, vous êtes sorti de la route pour percuter un arbre.

JULIEN *(incrédule)* Je n'en ai aucun souvenir.

---

23 **un coude** Ellenbogen – 27 **un mouvement** un geste – 34 **percuter** heurter – 35 **incrédule** qui n'arrive pas à y croire – **aucun,e** keiner/keine/keines

Le Docteur S... Naturellement, vous dormiez. *(Feuilletant ses papiers.)* Laissez-moi consulter votre dossier.

Julien *(pour lui-même)* Un arbre... J'ai fini écrasé contre un arbre. Heureusement que j'étais seul...

Le Docteur S... *(machinalement)* Un bon point pour vous.

Julien, comme s'il se réveillait d'une torpeur, regarde attentivement le Docteur S... Ses yeux d'homme à femmes se mettent à briller.

Julien Je ne vous imaginais pas comme ça.

Le Docteur S... C'est-à-dire ?

Julien Belle.

Elle sourit puis se replonge dans son dossier.

Le Docteur S... Quarante ans. Né dans une famille aisée. Bonnes études. Pas de grosse opération chirurgicale. Aucune maladie grave.

Julien *(cynique)* Je suis un mort en bonne santé.

Le Docteur S... Diverses tentatives professionnelles. Une certaine instabilité vous fait quitter vos places au bout de deux ans. Pas marié.

Julien Vous m'acceptez quand même ?

Le Docteur S... Je ne vous juge pas, je fais votre bilan.

Elle croise les jambes.

Julien *(la regardant avec désir et étonnement)* Si j'avais pu imaginer que ma mort aurait de belles jambes...

Le Docteur S... Vous essayez de me séduire ?

Julien Qu'est-ce qu'on gagne ? Qu'est-ce qu'on perd ?

Le Docteur S... Ne prenez pas ces manières avec moi. Votre dossier mentionne que vous avez couru frénétiquement les femmes...

Julien Elles courent vite.

Le Docteur S... Vous encore plus. Vous couriez derrière, puis devant une fois que vous les aviez eues. Vous les avez toutes abandonnées.

---

1 **feuilleter** → une feuille – 2 **consulter** *ici:* regarder – 6 **une torpeur** Schläfrigkeit, Schlaf – 7 **un homme à femmes** *f* Frauenheld – 11 **se replonger dans qc** *ici:* s'occuper à nouveau de qc – 12 **aisé,e** riche – 16 **une tentative** un essai – 20 **juger** beurteilen – 21 **croiser** kreuzen – 24 **séduire** verführen – 26 **une manière** *ici:* un comportement – 27 **mentionner** *ici:* indiquer

JULIEN Est-on coupable de prendre très vite conscience qu'un couple n'a pas d'avenir ?

LE DOCTEUR S… *(ironique)* Rapide en tout.

JULIEN Je ne suis jamais tombé sur la femme qui m'aurait rendu fidèle.

LE DOCTEUR S… Comme si cela dépendait d'elle.

JULIEN *(énervé)* J'ai beaucoup fait jouir, j'ai beaucoup fait pleurer, c'est le même lot. La plupart des femmes que j'ai rencontrées ne voulaient pas l'amour, mais des histoires d'amour. *(Se levant soudain avec rage.)* De quoi parlons-nous ? Vous n'allez pas me noter ? Vous n'allez pas me faire croire que ça existe, cette vieille légende de paradis, d'enfer, des âmes qu'on pèse et du Jugement dernier ? Je refuse que vous me condamniez. Je suis mort ! Est-ce que ce n'est pas suffisant ?

LE DOCTEUR S… Vous vous trompez complètement. *(Calmement.)* D'abord, je suis le Docteur S… Ensuite, vous n'êtes pas mort.

JULIEN *(secoué)* Quoi ?

LE DOCTEUR S… Naturellement.

JULIEN *(exultant)* Je le savais bien ! Je le savais bien ! Oh, nom de Dieu ! *(Il boxe des ennemis invisibles.)* Je suis vivant ! Vivant !

Subitement, il semble avoir vingt ans.

LE DOCTEUR S… *(le regardant avec amusement)* Je n'ai pas dit cela non plus.

JULIEN Quoi ?

LE DOCTEUR S… Que vous êtes vivant.

Julien se ferme. Il ne veut plus rien entendre.

JULIEN Ecoutez, je ne veux même plus essayer de comprendre ce qu'on raconte ici. Puisque je tiens debout, je peux partir ?

LE DOCTEUR S… Ça ne dépend pas de vous.

JULIEN Vous comptez m'en empêcher ?

LE DOCTEUR S… *(doucement)* Ni de moi.

JULIEN Ecoutez, docteur Machinchose, je ne sais pas très bien comment je suis arrivé dans votre clinique, sans doute ai-je dû

---

1 **prendre conscience** *f* **de qc** réaliser qc – 7 **jouir** avoir du plaisir, être heureux – 8 **un lot** *ici:* Los – 12 **une âme** Seele – **le Jugement dernier** das Jüngste Gericht – 13 **condamner** verurteilen – 19 **exulter** jubeln – 20 **invisible** qu'on ne voit pas – 30 **compter faire qc** *ici:* avoir l'intention de faire qc

m'endormir au volant, me planter dans un arbre, perdre connaissance le temps qu'on me transporte ici. Maintenant, je me sens tout à fait bien, je n'ai aucun besoin de vous, et je vous tire ma révérence, salut. *(Il appuie frénétiquement sur le bouton de l'ascenseur.)* Et dites à cet ascenseur de venir.

Le Docteur S... Tenez-vous à recommencer votre circuit ? L'ascenseur ? Les escaliers introuvables ? Les vitres qui ne se brisent pas ?

Sur un geste, le Docteur S... a fait apparaître ses deux aides. Ils se postent à l'entrée de chaque couloir, pour empêcher Julien de passer. Elle lui fait signe de se calmer.

Julien C'est insensé ! Je me trouve en prison ou quoi ?

Le Docteur S... Vous êtes en danger, Julien, en grave danger. Nous devons parler. Vous allez comprendre.

D'un autre geste de la main, elle envoie les deux employés au fond de la pièce. Ils font glisser un pan de mur et apparaître un panneau lumineux, comme un étrange tableau de bord invisible au public.

Le Docteur S... Il y a moins d'une heure, votre voiture, lancée à plus de deux cents à l'heure, est entrée dans un arbre. Je préfère ne pas vous décrire l'état de la carrosserie dont vous étiez si fier. Je préfère ne pas non plus vous décrire votre état.

Julien Qu'est-ce que vous racontez !

Le Docteur S... le prend par la main et l'entraîne vers le tableau lumineux.

Le Docteur S... L'ambulance vient de vous amener, inconscient, tuméfié, les genoux cassés, plusieurs côtes enfoncées, au service des urgences de l'hôpital Descartes. Une équipe hautement qualifiée s'active autour de vous pour tenter de vous sauver la vie. Ils ne sont pas très optimistes. Ils retiennent leur souffle, le vôtre. Ils font le maximum.

Elle lui montre le tableau où l'on devine des voyants lumineux qui clignotent, des indicateurs qui montent et descendent.

---

3 **tirer sa révérence** s'en aller – 6 **un circuit** Rundgang – 15 **glisser** gleiten – **un pan** un morceau – 16 **un tableau de bord** *m* Armaturenbrett – 22 **entraîner** *ici:* emmener – 24 **amener** *ici:* conduire – **inconscient,e** bewusstlos – 25 **tuméfié,e** geschwollen – **un genou** Knie – **une côte** *ici:* Rippe – **enfoncé,e** *ici:* cassé – 27 **tenter** essayer – 31 **clignoter** blinken – **un indicateur** *ici:* Anzeiger

LE DOCTEUR S… Tous les hommes et les femmes qui occupent une chambre ici sont en train, sur la Terre, de vivre des heures cruciales. Veillés par des médecins, des infirmières ou leurs familles, infiltrés de tuyaux, de sérum et d'électrodes, ils sont dans ce que là-bas vous appelez le coma. C'est-à-dire entre la vie et la mort. C'est-à-dire ici.

Elle le ramène vers les fauteuils. Il est devenu somnambulique.

LE DOCTEUR S… C'est ici que vous devrez attendre, à l'Hôtel des Deux Mondes. Ici, vous êtes délivré des douleurs que votre corps endure là-bas.

JULIEN *(presque convaincu)* Je ne vous crois pas. Vous voulez me faire gober que mon corps est ailleurs ?

LE DOCTEUR S… Avez-vous mal à votre cheville ? Vous vous étiez pourtant fait une terrible entorse, il y a deux jours, vous étiez très enflé, vous ne pouviez même plus marcher. Souffrez-vous en ce moment ?

Julien bouge son pied sans difficulté.

LE DOCTEUR S… Vous voyez. Votre corps de chair et de nerfs, votre corps vulnéré, est en salle de réanimation. Vous êtes ici pour attendre.

Julien Attendre quoi ?

Le Docteur S… Que votre sort se règle. Soit on vous sauve et l'ascenseur vous descendra sur terre. Soit on échoue à vous réanimer, et l'ascenseur vous mènera vers le haut.

Julien reçoit cette révélation comme un coup. Sonné, il regarde lentement autour de lui.

JULIEN Là-haut ?

LE DOCTEUR S… C'est assez de nouvelles pour le moment.

JULIEN La mort ?

LE DOCTEUR S… Ce que vous appelez la mort.

JULIEN Plus rien ?

---

2 **crucial,e** décisif – 3 **veiller** überwachen – 4 **un tuyau** Schlauch – 7 **somnambulique** → un somnambule (Schlafwandler) – 9 **délivrer** libérer – **une douleur** Schmerz – 10 **endurer qc** souffrir de qc – 12 **gober** *fam* croire – 13 **une cheville** Knöchel – 14 **une entorse** Verstauchung – 15 **enflé,e** angeschwollen – 18 **la chair** Fleisch – 19 **vulnéré,e** blessé – 22 **le sort** *ici:* la situation – 22/23 **soit… soit…** entweder… oder… – 25 **une révélation** *ici:* une information – **sonné,e** groggy, fertig

Le Docteur S… La suppression de cette vie-ci. *(Un temps.)* Mon travail consiste à vous donner l'information nécessaire pour organiser votre passage.

Julien Qui vous emploie ?

Le Docteur S… voit le signal du couloir A s'éclairer et s'éteindre. Elle s'apprête à sortir.

Julien Qu'est-ce que cela signifie, couloir A et couloir V ?

Le Docteur S… Comment ? Vous n'avez pas deviné ? Couloir A pour Accidentés, couloir V pour Volontaires, autrement dit les suicidés.

Julien Vous vous êtes trompée ! Vous m'avez placé au couloir V. Je ne me suis pas suicidé, j'ai eu un accident !

Le Docteur S… Ah, oui ?

Julien Je ne me suis pas jeté volontairement contre cet arbre !

Le Docteur S… Ah oui ? *(Intense.)* Monsieur Portal, non seulement tout à l'heure vous aviez de l'alcool dans votre sang, mais cela fait des années que vous buvez. Vous avez essayé d'autres drogues, plus douces, plus violentes, plus rares, mais l'alcool a toujours été ce qui vous a le mieux permis de vous fuir. Vos affaires étaient en train de s'écrouler, votre journal périclitait, vous vous en moquiez éperdument, votre comportement semblait de plus en plus aberrant aux yeux de vos collaborateurs, depuis des mois vous aviez largué toutes les amarres et vous filiez visiblement à votre perte. Alors comprenez bien que le matin où l'on vous trouve, plein comme une bouteille, écrasé à deux cents à l'heure contre un arbre, on conclut que c'est un suicide, un suicide long et programmé depuis longtemps.

Julien en reste bouche bée.

Julien Un long suicide ? Moi ?

Le Docteur S… Oui, l'alcool : le suicide des lâches. *(Brisant l'entretien.)* Maintenant, je vous prie de m'excuser, je n'ai pas que vous comme patient.

Elle sort.

---

1 **une suppression** une élimination – 2 **consister à** bestehen in – 5 **s'éteindre** ≠ s'allumer – 6 **s'apprêter** se préparer – 19 **s'écrouler** zusammenbrechen – **péricliter** aller à sa ruine – 20 **éperdument** totalement – **aberrant,e** fou – 21 **larguer les amarres** *f, ici:* sich aus dem Staub machen – 22 **filer à sa perte** in sein Verderben rennen – 27 **bouche bée** sprachlos – 29 **un,e lâche** Feigling

Julien s'assoit et demeure muet sous le choc de ce qu'il vient d'apprendre.

Le Mage passe la tête dans la pièce. Il a posé sur son crâne un turban oriental orné d'une pierre de lune. Il vérifie que Julien est seul, puis s'approche en lui tendant sa carte.

LE MAGE « Mage Radjapour, voyance en tout genre, extralucidité sur commande, astrologie, consultation de vos ancêtres, tables tournantes, entrailles de poulet, méditation transcendantale, Mage Radjapour, toutes les sciences millénaires de l'Orient et du Moyen-Orient. » *(Un temps.)* Evidemment, mon premier nom était Marcel. Marcel Pelucha. Né rue des Filles-du-Calvaire, République, Paris. Comment des chromosomes et des ovules, ces petites bêtes intelligentes, peuvent-ils à ce point se tromper ? *(Un temps.)* Voulez-vous que je vous lise l'avenir ?

Julien sort agressivement de son abattement.

JULIEN Vous vous foutez de moi ?

Le Mage Un peu. Mais il y a des gens qui ne demandent que ça. Ils me paient même.

Julien Sûrement pas ici.

Le Mage Même ici ! Vous ne pouvez pas imaginer la cagnotte que je me suis faite depuis six mois. Le seul problème, c'est que cet argent ne me sert à rien présentement, et que l'avenir est incertain. Enfin, ça occupe.

Julien frappe les murs.

JULIEN C'est révoltant !

LE MAGE *(le prenant pour lui)* Oh, oh, six mois de coma, ça me donne des excuses, tout de même !

JULIEN Non, je parlais de cet endroit ! De cette attente !

Le Mage Bah ! Cachot pour cachot, quelle différence ? D'ici ou d'ailleurs, on ne s'évade que par la fenêtre de la mort, et on ne sait jamais sur quoi elle donne.

---

1 **demeurer** rester – 4 **orné,e** décoré – **vérifier qc** sich vergewissern – 6 **la voyance** Hellsehen – **l'extralucidité** *f* la voyance – 7 **une commande** Bestellung – **un ancêtre** Vorfahr – **une table tournante** Tischrücken – 8 **des entrailles** *f* Eingeweide – **un poulet** → une poule – 12 **un ovule** Eizelle – 15 **l'abattement** *m, ici:* le fait d'être déprimé – 16 **se foutre** *fam* se moquer – 20 **une cagnotte** *ici:* l'argent – 22 **présentement** actuellement – 28 **une attente** → attendre – 29 **un cachot** Kerker – 30 **s'évader** s'enfuir

Julien tourne en rond comme un fauve en cage.

LE MAGE En bas, on savait qu'on mourrait, mais on tournait le dos à la voie ferrée, on refusait de voir le train, on se disait que le prochain ne serait pas pour nous. Ici, l'horaire se précise. *(Il lui tapote le dos.)* Eh bien, figurez-vous que c'est beaucoup plus agréable. Si ! On devient gourmand, on profite. Maintenant, je me délecte de chaque moment comme d'un bonbon, je le déplie, je le savoure.

Julien Comment peut-on se distraire ici ?

Le Mage Justement, voici ce qui change tout : ici, on ne se distrait pas, on s'occupe. D'abord, on rencontre des tas de gens. Si vous avez la chance de rester longtemps en service de réanimation *(réaction choquée de Julien)*, vous pourrez constater que ça défile beaucoup. Tous les jours, ça entre, ça sort. Et puis on papote, là, comme nous le faisons ; je ne dis rien d'important, ni même d'intelligent, vous non plus, mais nous papotons, ça veut dire que j'existe, que vous aussi, et que se tissent entre nous des rapports humains. C'est charmant, non ?

Julien A quoi bon ? Où cela vous mène-t-il d'avoir des rapports humains avec des gens que vous ne reverrez sans doute jamais ?

LE MAGE *(jouant les vexés)* Si vous n'aimez fréquenter que ce qui dure, allez parler aux roches, aux pierres, aux montagnes. Mais je doute, si elles sont aussi intransigeantes que vous, qu'elles vous adressent seulement la parole.

Il se lève pour sortir.

JULIEN *(avec un sourire)* Touché.

Le Mage (revenant) Voyez comme la vie peut être amusante… Oh, pardon !… *(Se corrigeant.)* Voyez comme le coma peut être gai !

Julien se laisse tomber sur un siège.

JULIEN *(soupirant)* Je suis déprimé. J'ai toujours été déprimé.

LE MAGE Un enfant gâté, peut-être ?

Julien Pourquoi dites-vous cela ?

---

1 **un fauve** Raubtier – 3 **une voie ferrée** Bahngleis – 4 **tapoter** tätscheln – 5 **se figurer** s'imaginer – 6 **gourmand,e** → un gourmand (Feinschmecker) – **se délecter de qc** etw. genießen – 7 **déplier** *ici:* ouvrir – **savourer** genießen – 8 **se distraire** s'amuser – 12 **ça défile** es herrscht Andrang – 13 **papoter** bavarder – 16 **se tisser** se lier – 19 **douter** bezweifeln – 22 **intransigeant,e** unnachgiebig – 25 **touché,e** *ici:* getroffen – 28 **un siège** Sitz – 30 **gâté,e** verwöhnt

Le Mage Parce que vous n'êtes pas franchement laid, parce que vous n'avez pas l'air tout à fait pauvre : un enfant qui s'ennuie au milieu des jouets qu'on lui a donnés.

Julien Vous me méprisez ?

Le Mage Pas du tout. Je suis ravi que les riches aient aussi des problèmes.

Julien Je ne comptais pas vous faire pitié.

Le Mage *(doucement)* Le manque d'appétit, c'est peut-être le pire des maux. Naître repu, avoir la bouche pleine avant d'avoir crié, recevoir des baisers avant de les avoir demandés, dépenser de l'argent avant de l'avoir gagné, ça ne rend pas très combatif. Nous, les mal partis, ce qui nous rend le monde appétissant, c'est qu'il est plein de choses que nous n'avons pas. La vie n'est belle que parce qu'elle est un peu au-dessus de nos moyens…

Julien (avec un sourire étonn*é)* Vous m'avez compris.

Le Mage Par contre, ce que, vous, vous n'avez pas compris, c'est que pour vous, pour nous, les ventres pleins comme les ventres vides, la vie est toujours au-dessus de nos moyens.

Julien Pardon ?

Le Mage Parce qu'elle ne nous appartient pas.

Il montre l'ascenseur en direction du haut.

Julien *(lentement)* Il faut qu'on me la retire pour que j'en voie le prix.

Le Mage Ça a toujours été le problème du Paradis. Paradis, ce n'est écrit qu'après la pancarte « Sortie ».

Marie entre comme une trombe.

Marie *(exaspérée)* Non, c'est pas possible, j'ai vraiment un grelot à la place du cerveau ! Depuis hier, je me dis qu'il serait temps, maintenant, que je pense à des choses importantes, profondes. Au lieu de ça, je fais une fixette sur le mur de ma chambre qui a une

---

1 **franchement** *ici:* vraiment – **laid,e** ≠ beau – 2 **s'ennuyer** → ennuyeux – 3 **un jouet** → jouer – 4 **mépriser** verachten – 7 **faire pitié à qn** Mitleid erregen – 8 **le pire** das Schlimmste – 9 **un mal, des maux** Übel – **naître** geboren werden – **repu,e** gesättigt – 11 **combatif, -ve** → se battre – 14 **au-dessus de** über – 22 **retirer** *ici:* enlever – 26 **une trombe** Wirbelwind – 27 **exaspéré,e** énervé – 28 **le cerveau** Gehirn – 29 **profond,e** *ici:* important – 30 **faire une fixette sur qc** fixiert sein

tache que j'arrive pas à faire partir. Est-ce que tout le monde ici est aussi conne que moi ?

LE MAGE Ça se discute.

MARIE Je sais bien que j'ai le crâne trop étroit pour y laisser rentrer les grandes pensées. Mais tout de même. J'aurais préféré l'avoir carrément plus obtus, voyez, être stupide à ne pas m'en rendre compte. J'ai une sœur comme ça. Bête à ce point, normalement, ça ne parle même pas, ça bouffe du foin. Mais elle, elle cause, elle cause… Rien ne la surprend, rien ne la retient. C'est comme ça qu'il faudrait être. Moi, je suis juste assez intelligente pour être mal à l'aise.

Julien a recommencé à tourner comme un fauve.

JULIEN Nous sommes tous comme ça.

MARIE Non, pas ceux qui ont fait des études, ceux qui réfléchissent.

JULIEN Qu'est-ce qu'ils savent de plus ?

MARIE Je ne sais pas. Mais quand ils savent, ils savent. Et quand ils ne savent pas, ils savent qu'ils ne savent pas. Ils pataugent pas comme moi. Si j'avais droit à un deuxième tour, c'est ça que je ferais : philosophe. *(Avec nostalgie.)* « Marie Martin, philosophe première classe. » *(Elle rit.)*

JULIEN *(violent)* Etre philosophe, est-ce que ça empêche de mourir ?

MARIE Non, mais ça doit aider à vivre. *(Elle s'approche de l'ascenseur.)* A votre avis, qu'est-ce qu'il y a, là-haut ?

JULIEN Mais rien.

MARIE Vous y êtes allé ?

JULIEN Non.

MARIE Alors !

JULIEN C'est la mort. Ça ne vous suffit pas, comme information ?

MARIE Non, j'ai encore jamais été morte. La mort, c'est le genre de bazar qu'on connaît pas du tout, juste par ouï-dire, et encore, par l'oreille gauche, vu que personne n'en est revenu. *(Au Mage.)* Vous qui faisiez les tables tournantes, ils vous disaient bien des choses, les morts ?

---

1 **une tache** Fleck – 2 **con,ne** *fam* bête – 4 **étroit,e** eng – 6 **carrément** complètement – **obtus,e** borné – 8 **bouffer du foin** *fam* être très bête – 17 **patauger** *ici:* sich verstricken, durcheinander kommen – 30 **un bazar** *fam ici:* une chose – **par ouï-dire** vom Hörensagen – 31 **vu que** parce que

Le Mage Bien sûr.

Marie Quoi, par exemple ?

Le Mage *(blasé)* Qu'ils détestaient leur belle-mère, qu'ils étaient amoureux de leur secrétaire, qu'ils avaient raté leur vie, qu'ils aimeraient bien reprendre le piano, le crochet, le tricot... Des idioties.

Marie Rien d'autre ?

Le Mage Etre mort ne vous rend pas plus sage.

Marie J'aurais cru. *(Un temps.)* Tout de même, ils ne vous parlaient pas de la façon dont ça se passe là-haut ?

Le Mage Non.

Marie M'enfin, tout de même, ils vous causaient, ça veut dire qu'ils existaient, enfin je veux dire que, d'une manière, ils étaient pas morts.

Le Mage Peut-être...

Marie Comment, peut-être ? Ils vous parlaient, oui ou non ?

Julien *(avec violence)* Mais ce n'était que son imagination !

Marie Evidemment ! C'est avec ça que parlent les morts !

Le Mage Parfois, effectivement, j'entendais des voix, des mots au fond de ma tête. Mais cela m'arrive aussi la nuit au cours de mes rêves, comme tout le monde. Ça ne prouve rien.

Marie Mmmm... Ça prouve que vous n'étiez pas un vrai mage.

Le Mage *(avec un sourire)* Qui sait ?

Julien décide de participer à la conversation pour cesser de tourner.

Julien Arrêtez de plaisanter ! Nous savons tous très bien comment ça se passera. Marie, est-ce que vous avez des souvenirs d'avant votre naissance ?

Marie Non.

Julien Eh bien, après votre mort, ce sera pareil.

Marie C'est-à-dire rien ?

Julien Rien. Absolument rien. Le néant.

Marie Minute ! Entre-temps, entre avant moi et après moi, il s'est passé quelque chose : moi ! J'ai existé.

---

4 **rater** *ici:* verpfuschen – 5 **le crochet** Häkeln – **le tricot** Stricken – 8 **sage** *ici:* raisonnable – 17 **l'imagination** *f* Fantasie – 19 **parfois** quelquefois – 21 **prouver** beweisen – 24 **cesser** arrêter – 29 **pareil,le** identique – 31 **le néant** Nichts

Julien Oui, un match a eu lieu, un match qui aurait dû ne pas avoir lieu et qui a eu lieu quand même, un match idiot, inutile, sans conséquence, une erreur.

Marie *(méfiante)* Vous dites ça juste pour moi, ou en général ?

Julien Je le dis pour vous, pour moi, pour le Mage, pour chacun. L'humanité n'est qu'une partie qui finit toujours mal et à laquelle je n'ai pas demandé à participer.

Marie Ouais. Vous critiquez parce que vous pensez qu'il n'y a rien là-haut.

Julien Evidemment. Si je n'avais pas été angoissé par l'idée du néant, je me serais peut-être plus accroché aux choses… aux gens aussi. Lorsque j'entamais un projet, je pensais tout de suite : « A quoi bon ? » Pourquoi investir du temps, de l'énergie, pour faire de la poussière… Et lorsqu'une femme me criait : « Je t'aimerai toujours », je songeais encore… à la poussière.

Marie Et quand vous bandiez ?

Le Mage *(choqué)* Marie ! Voyons !

Marie Ben quoi, vous n'avez pas envie de lui poser la question, vous ?

Le Mage Si, mais…

Marie *(à Julien)* Répondez à la question que le Mage n'ose pas vous poser parce qu'il est bien élevé. Et quand vous…

Le Mage Chut !

Marie Quand vous… chut… alors… aussi… poussière ?

Julien *(riant)* Non, pas du tout. Avec les femmes, c'est même ce que je faisais le mieux.

Marie Forcément, ça dure pas trop longtemps.

Le Mage Marie !

Marie *(tapotant l'épaule de Julien)* Heureusement pour vous et pour elles que vous aviez des amnésies de… poussière.

Julien Même en marchant dans la rue, je ne croyais pas à la réalité. Je voyais passer des manteaux, des chapeaux, des chaussures ; les humains, je les vidais de leur chair, je voyais déjà le squelette, je

---

4 **méfiant, e** misstrauisch – 6 **une partie** *ici:* un jeu – 10 **angoissé,e** qui a peur – 12 **entamer** *ici:* commencer – 14 **la poussière** Staub – 16 **bander** *fam* einen Ständer haben – 22 **élevé,e** erzogen – 27 **forcément** évidemment – 32 **un manteau** Mantel – **un chapeau** Hut – **une chaussure** Schuh – 33 **vider** ≠ remplir

songeais que tout disparaîtrait un jour. J'avais une main, à l'intérieur de moi, qui me retenait d'entrer dans la vie : c'était l'idée de la mort. Si l'on m'avait certifié qu'il y a une vie après la vie, j'aurais changé, sûrement…

LE MAGE C'est étrange : ce qui vous empêchait d'apprécier la vie, c'était de penser qu'elle se terminait ?

JULIEN *(hésitant)* Oui…

MARIE *(compatissante, à Julien)* Mon pauv' monsieur, c'est triste d'avoir faux partout. Vous vous faisiez une mauvaise idée de la vie – que vous connaissiez – à cause de la mort – que vous ne connaissiez pas ?

Le Mage *(malicieusement)* L'ombre faisait de l'ombre à la lumière.

MARIE *(concluant, en tapotant l'épaule de Julien)* Je vois : vous avez fait le tour de tout sans être allé nulle part. Dans votre genre, vous êtes aussi conne que moi. Peut-être qu'il y a un jardin, là-haut, comme on nous apprenait lorsqu'on était petits, avec des fleurs, des arbres… Moi, j'aimerais un jardin… et puis au moins je serais sûre qu'on me demandera pas de faire le ménage…

JULIEN Mais arrêtez. Il n'y a rien ! Rien ! Nous savons bien que la mort est une fin.

MARIE Ah oui ? Alors dites, monsieur Je-sais-tout, vous aviez prévu que vous vous retrouveriez un jour ici ? Vu le temps que vous avez mis à le comprendre, tout à l'heure, soit vous l'aviez oublié, soit c'était bien imité !

Julien est provisoirement mouché.

Le Président entre en râlant.

LE PRÉSIDENT J'imagine que tout le monde a été reçu par le Docteur S…, à part moi ?

Le Mage Cher Président, personne ne lui a parlé, sinon le nouveau venu, ce qui fut notre cas à tous. Egalité, cher Président, égalité : cela signifie que tout le monde est traité de la même façon, non pas qu'il y a un complot tramé contre vous.

Le Président hausse les épaules et s'assoit.

---

1 **songer** penser – 3 **certifier** garantir – 8 **compatissant,e** mitfühlend – 12 **malicieux, -euse** verschmitzt – 21 **prévoir** anticiper – 25 **mouché,e** qui ne sait plus quoi dire – 28 **à part** sauf – 32 **tramer** schmieden

Le Président J'ai dû quitter ma chambre, je ne supporte plus leurs conversations.

Julien A qui ?

Le Président Madame la Présidente et mes fils.

Julien *(très étonné)* Comment ? Ils se trouvent ici, avec vous ?

Le Mage *(expliquant à Julien)* Lorsque les pensionnaires retournent dans leur chambre, ils peuvent entendre ce qui se dit, en bas, à l'hôpital, autour de leur lit. Il suffit de se mettre les mains sur les oreilles pour écouter.

Marie Vous avez de la chance d'avoir toute votre famille autour de vous.

Le Président Bah ! Pour entendre ce que j'entends !

Marie De quoi parlent-ils ?

Le Président *(comme une évidence)* D'argent ! De quoi d'autre ? Ils veulent tout vendre.

Marie Vous leur laissez du bien ?

Le Président *(vexé)* Evidemment ! Pour qui me prenez-vous ?

Marie *(riant)* Oh, moi, je ne serai pas la plus riche du cimetière !

Le Mage (riant aussi) Moi non plus !

Marie J'ai tout bouffé !

Le Mage Tout bu ! *(Il rit.)* Je n'ai jamais pu supporter la vision d'un portefeuille plein, je dépensais. *(Regardant le Président.)* Je n'avais pas la mentalité pour devenir riche, pas les ongles assez crochus.

Le Président *(agressif)* Pourtant, vous êtes malhonnête ! Généralement, on s'enrichit lorsqu'on est malhonnête.

Le Mage (avec un sourire) Ça, vous le savez mieux que moi.

Le Président (vexé) Pardon ?

Le Mage Je lis la presse, monsieur le Président Delbec. Je n'ai pas oublié le fameux scandale des fausses factures Delbec.

Le Président Pure calomnie !

Le Mage Ni « l'étrange attribution des marchés Delbec ».

---

16 **un bien** Vermögen – 18 **un cimetière** Friedhof – 20 **bouffer** *fam ici:* dépenser – 22 **un portefeuille** Brieftasche – 23 **avoir les ongles crochus** *fam* ein Geizkragen sein – 25 **malhonnête** ≠ honnête – 26 **s'enrichir** devenir riche – 30 **fameux, -euse** célèbre – **une facture** Rechnung – 31 **une calomnie** Verleumdung – 32 **une attribution** Zuweisung

Le Président Ragots politiques ! Et je n'accepte pas d'être tancé par un devin de fête foraine !

Le Mage Chez moi, la malhonnêteté est gravée sur la plaque, une profession de foi, loyale, irréprochable. Imaginez tout à coup que je raconte la vérité : « Non, madame, je ne vois pas votre avenir dans les cartes. Vu la figure que vous vous trimballez et l'agressivité avec laquelle vous parlez au moindre bipède chaussé, je suis à peu près certain que vous ne rencontrerez plus jamais l'amour. » Mes clients me paient, mais ils me paient pour quoi ? Pour que je leur fasse plaisir ; pour, en sortant de mon salon, avoir encore envie de vivre, éprouver de l'espoir ce soir et de l'entrain demain. Je suis intègre, moi, monsieur. Si, par hasard, j'ai réellement un pressentiment comme il m'est arrivé parfois en reniflant la mort sur un client, je ne dis rien, absolument rien. Je ne suis que scrupules. Tandis que vous, monsieur le Président, vous prenez l'allure de la respectabilité pour mener vos magouilles et vous enrichir aux dépens des autres.

Le Président Je retourne dans ma chambre. Je préfère encore écouter comment mes lavettes de fils veulent dépenser mon argent.

Il sort.

Julien De quoi est-il président ?

Le Mage Il est né président. A la crèche, il avait un blazer, une cravate sombre, des lunettes, une raie bien nette dans ses cheveux de nourrisson et il clamait déjà entre deux biberons : Je suis Président. Et ça a marché !

Le Docteur S… revient, suivie de ses deux aides.

Marie l'intercepte par le bras et la supplie.

Marie Docteur S…, donnez-moi de mes nouvelles.

---

1 **un ragot** Tratsch – **tancer** *litt* schelten, tadeln – 2 **une fête foraine** Jahrmarkt – 4 **une profession de foi** *f* Glaubensbekenntnis – **irréprochable** inattaquable – 6 **trimballer** *fam* promener, avoir avec soi – 7 **un bipède** Zweibeiner – **chaussé,e** → une chaussure – 11 **éprouver** *ici:* sentir – **l'entrain** *m* l'énergie – 12 **intègre** honnête – 13 **un pressentiment** Vorahnung – **renifler** wittern – 15 **tandis que** alors que – **l'allure** *f* l'air – 16 **une magouille** Mauschelei – **aux dépens de** auf Kosten von – 19 **une lavette** *fam* Waschlappen – 22 **une crèche** (Kinder)Krippe – 23 **sombre** ≠ clair – **une raie** Scheitel – **net,te** en ordre – 24 **un nourrisson** un bébé – **clamer** crier – **un biberon** Nuckelflasche – 27 **intercepter** arrêter – **supplier** anflehen

Le Docteur S… Je vous en donnerai lorsque j'en aurai, madame Martin. Pour l'instant, votre état reste… stationnaire. *(Traversant la pièce pour rejoindre l'autre couloir.)* Excusez-moi.

Marie Stationnaire… *(Elle se laisse tomber dans un fauteuil, découragée.)* Ça, ça veut dire que je ne bouge pas, je fais la planche lardée de tuyaux et de bips-bips, je rôtis lentement, je me maintiens dans le pire.

Le Mage lui tapote l'épaule avec gentillesse.

Le Mage Allons, du courage. Regardez-moi : ça fait six mois.

Marie *(sincèrement)* Six mois comme ça, je ne tiendrai pas, faudra qu'on me débranche. *(S'excusant* auprès du *Mage de sa brutalité.)* C'est pas utile que je reste plus longtemps à attendre. Je suis pas bonne à réfléchir. Faut que j'aie les mains occupées, c'est ça qui me remplit le cerveau. Si j'ai rien à faire, j'ai peur.

Julien s'approche d'elle et s'assoit presque tendrement à ses côtés.

Julien Pourquoi ?

Marie Je sais pas. Je me sens en faute. « Est-ce que j'ai le droit de rien foutre comme ça ? » je me dis.

Julien Vous ne vous aimez pas.

Marie Vous connaissez quelqu'un qui s'aime, vous ?

Julien et le Mage se posent sincèrement la question avant de répondre.

Julien Non.

Le Mage Non.

Julien *(un temps)* Je suis sûr que vous avez donné beaucoup d'amour à vos filles.

Marie Ben naturellement, c'est dans la nature, ces choses-là. Puis, j'aurais pu en donner plus, de l'amour, si y avait eu plus de monde qui en avait voulu. *(Un temps.)* Ça vient de moi, aussi : je suis meilleure avec les petits qu'avec les grands. Les petits bouts de chou roses, avec leur bouche rigolarde et leurs yeux ronds qui vous dévorent d'amour, je sais toujours quoi leur dire, comment leur faire plaisir, puis les toucher, leur donner les petits bisous, les

---

2 **stationnaire** qui ne change pas – 5 **faire la planche** den toten Mann machen – **lardé,e** gespickt – 6 **rôtir** *fam* schmoren – **se maintenir** rester stable – 10 **sincère** honnête – 11 **débrancher** abschalten – **auprès de** bei – 18 **foutre** *fam* faire – 29 **un bout de chou** *m* un petit enfant – 30 **rigolard,e** *fam* → rigoler – 31 **dévorer** manger

petites caresses, ce qu'il faut… Avec les grands, je suis pétrifiée. Je sais plus. J'ai l'impression qu'ils vont se rendre compte…

Julien De quoi ?

Marie Que je suis pas bien intéressante.

Elle retient une larme avec son mouchoir. Le Mage et Julien respectent sa douleur.

Julien *(doucement)* Qui vous a dit que vous n'étiez pas intéressante ?

Marie Ch'sais pas. Personne. Mais personne m'a dit le contraire, non plus. C'est surtout ça qui m'a manqué, une gentillesse par-ci, par-là. On peut pas dire que j'aie poussé aux compliments.

Le Président revient, portant son calepin de téléphone à la main.

Le Président Non, non, non… Il faut absolument que j'arrête ça. Ils veulent vendre, tout vendre.

Julien Et alors ?

Le Président Ce n'est absolument pas le moment de vendre. Le marché est au plus bas. La Bourse déprime. Ils vont me faire perdre de l'argent. Il faut que je donne un coup de fil à ma banque. *(Il sonne à la réception.)* J'exige de parler au Docteur S… Vous entendez ? Je l'exige !

Julien *(à Marie)* Ce sont des pensées sublimes comme celles-ci que vous voudriez avoir ?

Marie pouffe.

Le Président *(continuant à frapper le timbre)* Ce n'est pas parce que mon sang coule dans les veines de ces petits crétins snobs et prétentieux que je vais les laisser dilapider mon capital. D'ailleurs, qu'est-ce qui me prouve seulement qu'ils sont bien mes fils ?

Le Mage Ils sont cons, très cons ?

Le Président Oui.

Le Mage Alors ils sont de vous !

Le Président *(vexé)* Pardon ?

---

1 **pétrifié,e** versteinert – 5 **un mouchoir** Taschentuch – 11 **pousser** *ici:* aufwachsen – 12 **un calepin** Notizbuch – 17 **la Bourse** Börse – 18 **un coup de fil** un coup de téléphone – 19 **exiger** fordern – 21 **sublime** admirable – 23 **pouffer** rire – 24 **un timbre** *ici:* une sonnette – 25 **couler** fließen – 26 **prétentieux, -euse** arrogant – **dilapider** verschwenden

Etouffant de rage mais incapable de répliquer, le Président cogne le timbre.

Le Docteur S… apparaît, suivie de ses deux assistants. Elle traverse la pièce sans prêter vraiment attention aux hôtes.

LE PRÉSIDENT Ah, Docteur S… ! *(Elle passe devant lui.)* Docteur S…, je viens de vous sonner !

LE DOCTEUR S… *(sans se retourner)* On ne me sonne pas, monsieur.

LE PRÉSIDENT Mais j'exige…

LE DOCTEUR S… *(d'un ton sans réplique)* Vous n'avez rien à exiger. Je vous parlerai lorsque votre tour sera venu.

Mouché, le Président se tait. Le Docteur S… est sortie.

Les pensionnaires ont assez apprécié que le Président soit remis à sa place.

Le Mage s'adresse à voix basse à Julien, créant une certaine complicité.

LE MAGE Vous devriez interroger le Président. Le Président est quelqu'un qui peut tout vous expliquer avec des arguments irréfutables, autrement dit un crétin exhaustif.

JULIEN Président, venez parmi nous. *(Le Président, pour garder une contenance, les rejoint.)* Peut-être allez-vous pouvoir nous aider… Nous nous demandions ce qui se passerait après la mort.

On comprend que Julien et le Mage partagent une joie mauvaise à se payer la tête du Président.

LE PRÉSIDENT Eh bien quoi, vous n'avez pas reçu d'éducation religieuse ? Vous n'avez donc rien appris ?

JULIEN Rien.

LE PRÉSIDENT Vous monterez au ciel et, là, vous serez jugé en fonction de vos mérites respectifs. Un enfant vous dirait cela. Mes petits-fils, en tout cas.

JULIEN Et vous, vous ne craignez pas ce moment-là ?

LE PRÉSIDENT Je m'y suis préparé.

JULIEN Vous avez la conscience sans tache ?

---

1 **étouffer** ≠ respirer – **incapable** qui ne peut pas – **répliquer** répondre – **cogner** frapper – 4 **un hôte** un invité – 12 **remettre qn à sa place** jdn zurechtweisen – 17 **irréfutable** indiscutable – 18 **garder** *ici:* bewahren – 19 **une contenance** Haltung, Fassung – 22 **se payer la tête de qn** *fam* se moquer de qn – 27 **un mérite** une valeur – **respectif, -ive** jeweilig – 31 **une tache** *ici:* une faute

Le Président   Evidemment.

Le Mage   Mais vos petites magouilles d'argent, président Delbec, vous ne craignez pas qu'au moment du Jugement… ?

Le Président   Il faudrait les prouver, monsieur.

Le Mage   Ecoutez, le secret bancaire suisse ou luxembourgeois, je ne crois pas que, là-haut, cela soit respecté. Hum ? Quarante ans de trafics, de fausses factures ?

Le Président   Peccadilles.

Julien *(ironique)*   Vous vous pardonnez.

Le Mage *(idem)*   Il se pardonne.

Le Président *(montrant le ciel)*   Il me pardonnera.

Le Mage   C'est extraordinaire. J'ai longtemps cru que les personnes qui se confessaient développaient une grande conscience morale, et, au lieu de cela, je m'aperçois que certaines se confessent comme on vomit, pour se décharger et puis recommencer.

Une violente sonnerie retentit. Tous, sauf Julien, ont un mouvement d'effroi.

Julien   Que se passe-t-il ?

Le Docteur S… fait irruption, traverse la pièce, constate qu'un voyant lumineux clignote au rouge sur le tableau de bord invisible.

Le Mage   Un de nous va partir.

Julien   Mais où ? En haut ou en bas ?

Le Mage   On ne l'apprend qu'au dernier moment. Dans l'ascenseur.

Le Docteur S… se retourne vers les hôtes.

Le Docteur S…   Pouvez-vous me laisser seule ?

Tous poussent, spontanément, un soupir de soulagement. La sonnerie continue, plus forte, obsédante, angoissante.

Au dernier moment, à l'entrée du couloir A, le Docteur S… retient Marie.

Le Docteur S…   Madame Martin, voulez-vous bien rester avec moi ?

Les autres se regardent avec surprise.

---

7 **un trafic** une magouille – 8 **une peccadille** *litt* une faute sans importance – 13 **se confesser** beichten – 15 **se décharger** se libérer – 16 **une sonnerie** → sonner – **retentir** se faire entendre – 17 **l'effroi** *m* la peur – 26 **un soulagement** Erleichterung – 27 **obsédant,e** eindringlich

Les employés vêtus de blanc entrent. Dans leur langage muet, ils font signe aux pensionnaires non concernés de ne pas rester une seconde de plus.

Le Docteur S… s'approche de Marie qui, légèrement tremblante, sourit quand même.

MARIE C'est mon tour ?

LE DOCTEUR S… Oui.

MARIE C'est une bonne nouvelle, j'espère ?

LE DOCTEUR S… Je n'ai pas le droit de vous le dire.

MARIE *(tremblante)* Pas de nouvelles, bonnes nouvelles.

LE DOCTEUR S… Je vais vous conduire à l'ascenseur.

Le Docteur S… la prend par le bras, l'aidant à entrer dans la cabine.

MARIE Oui, il faut m'aider parce que j'ai le cœur fragile. *(Un temps.)* C'est amusant, n'est-ce pas, d'avoir le cœur si fatigué ? C'est la seule chose dont je ne me sois jamais vraiment servie.

Le Docteur S… Allons, ne craignez rien.

Marie C'est pas fatigué, qu'il faudrait dire dans mon cas, c'est rouillé.

Le Docteur S… Adieu, madame Martin.

Marie Adieu, docteur. Et bonne continuation.

Les portes se referment.

Les pensionnaires passent la tête pour savoir ce qu'il va advenir de Marie.

Après quelques secondes, la flèche indique le haut. L'ascenseur monte…

La sonnerie a cessé.

Un temps de silence consterné.

Le Mage, le Président, Julien rentrent progressivement dans la réception, tout en continuant à fixer les deux portes.

Julien est trop choqué pour dire quoi que ce soit.

LE MAGE Pauvre femme.

LE PRÉSIDENT *(inquiet, au Mage)* Vous qui êtes là depuis longtemps, quand la journée commence comme ça, cela signifie-t-il que tout le monde va partir par le haut ?

---

13 **fragile** *ici:* faible – 18 **rouillé,e** eingerostet – 20 **bonne continuation** Viel Erfolg! – 22 **advenir de** arriver à – 24 **une flèche** Pfeil

LE MAGE Non.

LE PRÉSIDENT Tant mieux.

LE MAGE C'est tout l'effet que ça vous fait, à vous ?

LE PRÉSIDENT *(réfléchissant)* Peut-être même que si ça commence par un client qui monte, cela signifie que le suivant descendra.

LE MAGE Vous me faites songer à ma tante Zoé qui, tous les matins, lisait avec délectation les décès dans le journal. Chaque fois qu'elle y trouvait quelqu'un de sa génération, elle glapissait joyeusement : « Tiens ! Un de plus ! », comme si voir partir ses contemporains la rendait, elle, plus vivante.

LE PRÉSIDENT *(gaillardement inconscient)* C'est amusant ce que vous me dites, ça me fait exactement le même effet.

LE MAGE Vous ne pensez qu'à vous !

LE PRÉSIDENT *(haussant les épaules)* Evidemment. A qui d'autre ?

LE MAGE *(indiquant le Président à Julien)* Cher ami, j'ai trouvé l'homme qui s'aime.

Julien, sous le coup de l'angoisse, se met à chercher fébrilement une issue.

JULIEN Je ne tiendrai pas ici.

Le Docteur S… regarde une nouvelle lumière s'allumer sur le tableau de bord. Elle se tourne vers ses assistants.

LE DOCTEUR S… Quelqu'un arrive.

LE MAGE Oh, un nouveau ! Quelle chance !

LE DOCTEUR S… *(à ses assistants)* Restez ici. Je vais chercher son dossier.

Elle sort.

Julien, surpris par cette diversion, cesse de tourner et regarde l'ascenseur.

Le Mage et le Président s'installent dans les sièges, comme au théâtre. Ils attendent.

Le terrible bruit d'aspiration cyclonique que l'on a entendu avant l'arrivée de Julien recommence. Il grandit, s'épanouit. Lorsqu'il est à la limite de l'insoutenable, il baisse subitement. Tintement. Les portes s'ouvrent.

---

7 **la délectation** le plaisir – **un décès** *ici:* Todesanzeige – 8 **glapir** crier – 9 **un contemporain** qn de la même époque – 10 **vivant,e** qui vit – 11 **gaillard,e** kräftig – **inconscient** *ici:* leichtsinnig – 27 **une diversion** Ablenkung – 32 **s'épanouir** *ici:* se développer – 33 **insoutenable** insupportable

Une charmante jeune fille blonde se tient dans la cabine. Nullement surprise, elle sourit.

Elle a quelque chose d'une apparition, comme la Vénus de Botticelli sortant des eaux nacrées.

Julien semble fasciné.

Elle descend légèrement de l'ascenseur. Elle sourit aux pensionnaires et au personnel.

Laura Bonjour.

Le Mage se lève pour l'accueillir.

Le Mage Bonjour. N'ayez pas peur.

Laura *(éclatant de rire)* Pourquoi voulez-vous que j'aie peur ?

Le Mage Je vous présente Julien…

Laura regarde Julien avec intérêt. Julien détourne brusquement son regard, comme s'il tenait volontairement à rompre l'enchantement.

Le Mage Monsieur le Président… euh… *(faisant semblant de chercher)*… le Président…

Le Président Delbec !

Le Mage *(jouant les sourds)* Pardon ?

Le Président *(criant) Delbec !*

Le Mage Et moi-même, Mage Radjapour.

Laura Je suis ravie d'être ici.

Ils marquent leur étonnement.

Le Président Où croyez-vous être, malheureuse ?

Laura *(avec un petit rire)* Le simple fait de pouvoir marcher normalement, sans appareils, sans crispations, sans douleurs, suffit à me renseigner. Et puis, être débarrassée de tous ces tuyaux, ces sondes, ces cathéters… *(Elle esquisse un petit pas de danse.)* J'ai envie de danser.

Le Mage (aux deux autres) La pauvre enfant, j'ai peur qu'elle croie être morte.

Le Docteur S… entre et sourit en la voyant.

Le Docteur S… Bonjour, Laura.

Laura Bonjour, Docteur S…

---

3 **la Vénus de Botticelli** un tableau célèbre – 4 **nacré,e** perlmuttfarben – 13 **brusquement** tout à coup – 14 **rompre** *ici:* détruire – **un enchantement** Zauber – 25 **une crispation** Krampf, Zuckung – 26 **débarrasser** *ici:* libérer – 27 **esquisser** *ici:* andeuten

Etonnement des pensionnaires. Julien fait un pas vers elle.

Julien Comment ? Vous vous connaissez ?

Le Docteur S… Laura a déjà fait un séjour ici.

Laura J'ai même failli en faire deux. La première fois, au moment où j'ai perdu connaissance, j'ai quitté mon corps et emprunté le couloir en spirale. J'étais légère, légère, et je montais, en rotation, comme aspirée, vers une lumière que je distinguais mal ; seulement, je suis redescendue juste avant d'arriver au palier éblouissant.

Le Docteur S… Oui, ça n'avait été qu'un profond évanouissement.

Laura La deuxième fois, j'ai passé trois jours ici. Cette fois-ci…

Le Docteur S… Nous verrons.

Julien ne peut pas résister à la curiosité.

Julien Etes-vous gravement malade ?

Laura *(sans aucun pathos)* La santé n'est pas mon fort.

Ils se regardent. Julien détourne de nouveau la tête.

Le Docteur S… Laura, pouvons-nous aller dans votre chambre ?

Laura Oh, non !

Le Docteur S… Je dois vous dire des choses très confidentielles.

Laura Ma santé n'a rien de confidentiel. Depuis l'enfance, je suis habituée à ce qu'on en parle, qu'on tienne des conférences autour de mon lit ou de mon fauteuil, qu'on publie des bulletins, que tout le monde s'en occupe. C'est peut-être pour ça que je m'y intéresse si peu et que je n'en parle jamais…

Le Docteur S… *(insistant)* Laura, s'il vous plaît, allons dans votre chambre.

Laura *(doucement ferme)* Non. Qu'avez-vous à m'apprendre ? Que mon cœur ne bat presque plus ? Qu'il menace maintenant de s'arrêter si on ne me greffe pas immédiatement ? Je le sais déjà. Que je dépends de la bonne volonté du hasard, qu'il faut que quelqu'un meure rapidement, brusquement et proprement pour que je lui vole son cœur ? Je le sais aussi.

Le Docteur S… (avec un sourire) Vous n'avez pas changé.

---

4 **faillir** beinahe etwas tun – 5 **emprunter** *ici:* prendre – 8 **un palier** *ici:* une étape – **éblouissant,e** blendend – 9 **un évanouissement** Ohnmacht(sanfall) – 12 **la curiosité** → curieux – 14 **le fort** *ici:* Stärke – 18 **confidentiel,le** vertraulich – 21 **un bulletin** *ici:* Bericht – 27 **menacer** drohen – 28 **greffer** transplantieren – 29 **une volonté** → vouloir

LAURA Pourquoi voulez-vous que je prenne un air grave lorsqu'on me parle de ma santé ? Ce serait irrespirable. Advienne ce qui arrivera.

Le Docteur S... A tout à l'heure, ma petite Laura.

LE PRÉSIDENT *(se levant)* Docteur, est-il possible que je...

LE DOCTEUR S... Non.

Le Docteur sort, suivie de ses assistants.

LE MAGE L'égalité, mon cher, l'égalité.

Le Président Jamais rien connu de si humiliant.

LAURA *(se tournant vers Julien)* Qu'est-ce que vous aimez faire dans la vie ?

JULIEN *(surpris)* Euh... je ne sais pas... Et vous ?

LAURA C'est décevant comme réponse.

JULIEN *(se refermant)* Je suis un homme décevant.

Et il part s'isoler dans un coin du hall.

Elle se retourne légèrement vers le Mage et le Président.

LAURA Qu'est-ce que vous faisiez avant que j'arrive ?

LE MAGE Comme d'habitude... on disait du mal les uns des autres, on mordait un peu pour se faire les dents.

Laura On continue ?

Le Mage On ne vous connaît pas encore assez pour bien dire du mal de vous.

Laura J'ai une idée.

Le Mage Dites.

Laura Vous allez être choqués.

Le Mage Dites.

LAURA Voici : j'aimerais bien que l'un de vous me fasse un peu la cour.

LE PRÉSIDENT Ridicule !

LAURA Vous ne voulez pas ? Juste pour rire... Vous comprenez, à cause de ma santé, les garçons n'ont jamais été entreprenants avec moi. Alors qu'ici... puisque rien n'est réel... puisque rien ne dure... vous pourriez peut-être faire semblant.

Julien Semblant de quoi ?

---

2 **irrespirable** *ici:* insupportable – 9 **humiliant,e** demütigend – 13 **décevant,e** → décevoir – 19 **mordre** beißen – **se faire les dents** *f* s'entraîner – 27 **faire la cour à qn** jdm den Hof machen – 30 **entreprenant,e** *ici:* verwegen, dreist – 32 **faire semblant** faire comme si

Laura Moi, je fais semblant d'être normale – regardez, je peux bouger, tourner sur moi, danser– et vous *(au Mage)*, vous *(au Président)* ou vous *(à Julien)*, vous faites semblant d'avoir un flirt avec moi. Oh, s'il vous plaît, dites oui !

Le Président Non.

Laura Juste pour rire.

Le Mage D'accord. Je vais vous faire un brin de cour.

Laura Un brin ?

Le Mage Un baobab.

Laura s'assoit, ravie.

Le Mage s'approche de Julien et lui glisse à voix basse, très rapidement.

Le Mage Faites-le, vous. J'ai la nette impression qu'elle préférerait un brin de votre cour à mon baobab.

Julien Ne comptez pas sur moi.

Le Mage C'est elle qui compte sur vous.

Julien Je ne veux pas.

Le Mage Pourquoi ? Vous ne savez pas ?

Julien Je connais tous ces mots-là par cœur, je les ai vomis cent mille fois, j'en suis malade d'avance.

Le Mage Pour lui faire plaisir.

Julien A quoi bon ?

Le Mage Alors quand vous devez faire la cour à quelqu'un pour vous faire plaisir, vous trouvez les mots ; mais lorsqu'il s'agit de faire plaisir à quelqu'un d'autre, vous n'êtes plus là.

Julien se renferme sur lui-même, sans répliquer.

Le Mage s'approche de Laura et s'assoit à côté d'elle.

Le Mage Dites-moi, mon enfant, je commence par la lune, les étoiles, les fleurs, les animaux, ou bien je passe directement à vous ?

Laura Moi, directement.

Le Mage Soit.

Il se racle la gorge, cherche quelque chose à dire, mais ne trouve pas. Gêné, il se racle de nouveau la gorge. On voit qu'il voudrait se lancer dans un discours lyrique qui lui échappe. Il ne cesse de croiser et décroiser ses jambes.

---

7 **un brin** Halm; *ici:* un peu – 9 **un baobab** Affenbrotbaum; *ici:* beaucoup – 11 **glisser** *ici:* dire – 21 **à quoi bon** pourquoi – 30 **soit** *ici:* d'accord – 31 **se racler la gorge** sich räuspern – 33 **un discours** Rede – **échapper** ≠ venir à l'idée

Le Président le regarde de manière goguenarde. Julien hausse les épaules.

Le Mage réessaie une troisième fois, mais l'inspiration n'est toujours pas au rendez-vous.

Laura *(concluant)* Oh, comme vous la mimez bien !

Le Mage *(surpris)* Quoi ?

Laura La gêne.

Le Mage a un regard de triomphe pour le Président et Julien.

Encouragé, il tente à nouveau de bredouiller un compliment mais il demeure bouche ouverte, muet. Laura le félicite avec chaleur.

Laura Oui, c'est bien.

Le Mage *(gêné)* Je ne fais pas semblant.

Laura *(appréciant)* Ah oui, c'est bien.

Le Mage *(insistant à voix basse)* Je ne fais pas semblant.

Laura Oui, oui, c'est totalement grisant. Vous savez, pour moi, c'est la première fois.

Le Mage a un regard de triomphe pour les deux autres qui haussent les épaules.

Laura Encore !

Le Mage, assez minablement, ne trouve qu'un terrible lieu commun.

Le Mage Vous êtes très jolie, mademoiselle.

Laura Oh, mais vous aussi, vous êtes très joli.

Le Président et Julien éclatent de rire, avec une méchanceté jubilante.

Le Mage se tourne vers eux, furieux.

Le Mage Vous n'avez pas autre chose à faire ? Ailleurs ?

Laura le calme en lui attrapant doucement la main.

Laura Vous la mimez bien aussi.

Le Mage Quoi donc ?

Laura La bêtise. On devient toujours bête quand on est amoureux.

Le Mage a de nouveau un regard de triomphe vers les deux autres.

Le Docteur S… entre.

Le Docteur S… Laura, messieurs, je voudrais maintenant que vous me laissiez seule avec…

---

1 **goguenard,e** spöttisch – 7 **une gêne** Verlegenheit – 10 **féliciter qn** jdm gratulieren – 15 **grisant,e** berauschend – 20 **minable** misérable – **un lieu commun** une banalité – 23 **une méchanceté** → méchant – **jubilant,e** joyeux – 26 **attraper** *ici:* prendre

Laura C'est tout à fait hors de question. Le Mage vient de me demander en mariage. N'est-ce pas ?

Le Docteur S... Laura, je suis sérieuse.

Laura Mais moi aussi. *(Soudain triste.)* Enfin, j'aimerais bien.

Le Docteur S... Je dois parler à Julien.

Julien a un frisson de peur. Les autres s'éloignent, respectueux. Laura se dirige docilement vers le couloir A. En passant devant Julien, elle ne peut s'empêcher de lui parler.

Laura Vous avez bien fait de refuser ce jeu. Sur terre, je serais sans doute tombée folle amoureuse de vous.

Et, sans lui laisser le temps de réagir, elle sort pour rejoindre le Mage.

Le Docteur S... Julien, vous venez d'entrer en salle d'opération. L'équipe détecte plusieurs hémorragies internes.

Julien Je vais m'en remettre ?

Le Docteur S... Ils font tout pour. *(Un temps.)* Vous passez un moment très difficile.

Julien Pourquoi me dites-vous cela ?

Le Docteur S... Pour ne pas vous le cacher.

Elle va pour sortir.

Julien Comment ? C'est tout ?

Le Docteur S... C'est assez, non ?

Elle sort, laissant Julien seul, englué dans une douloureuse angoisse. Laura apparaît à la porte du couloir et le regarde, devinant ses pensées. Elle lui parle avec simplicité, sans aucune coquetterie.

Laura N'ayez pas peur.

Julien *(agressif)* Je voudrais vous y voir !

Laura Mais vous m'y voyez.

Julien *(comprenant)* Excusez-moi. *(Avec un sourire contraint.)* Rien de plus commun que de se croire unique.

Laura Si vous étiez obligé de voyager dans une malle, préféreriez-vous que la malle soit piquée de clous ou garnie de satin ?

Julien Satin.

---

2 **demander qn en mariage** jdm einen Heiratsantrag machen – 4 **soudain** tout à coup – 6 **un frisson** Zittern – **s'éloigner** partir – 7 **docile** discipliné – 13 **détecter** découvrir – **une hémorragie interne** *f* innere Blutung – 14 **se remettre** guérir (gesund werden) – 22 **englué,e** *ici:* pris – 29 **unique** einmalig – 30 **obligé,e** gezwungen – **une malle** une valise – 31 **piqué,e** *ici:* beschlagen, gefüttert – **un clou** Nagel – **garni,e** gefüttert

Laura Alors n'ayez pas peur. Puisque de toute façon vous ne savez pas ce qui va vous arriver, préférez le satin aux clous. Soyez confiant.

Julien Avez-vous une idée de ce qu'il y a au-dessus ?

Laura J'ai de l'espoir.

Julien *(découragé)* Comment peut-on être aussi optimiste ?

Laura Quand on ne peut pas faire autrement. Je me suis habituée à mettre de l'énergie partout, sans doute parce que je n'en ai pas dans mes muscles. J'aime la vie d'un amour non réciproque, mais d'amour fou. J'aime la mort aussi.

Julien n'ose pas s'avouer qu'il est assez troublé par elle.

Julien Vous devez plaire aux hommes.

Laura Non, je leur fais peur, aux hommes. On ne peut pas imaginer qu'un garçon sérieux tombe amoureux de moi. Tout le monde sait que je n'en ai pas pour longtemps à vivre. Tout le monde sait que je ne pourrai sans doute pas porter un enfant, ni le mettre au monde. Sur terre, je suis un simulacre de femme, un fantôme. Je n'offre pas d'avenir. Là-bas, ils vivent comme s'ils étaient immortels : ils n'aiment pas, ils investissent.

Julien Je ne vous crois pas.

Laura Un jeune homme, une fois, m'a fait la cour. Il me téléphonait, il me rendait visite, il m'envoyait des fleurs, il me disait que j'étais la femme la plus importante de sa vie. J'ai presque failli le croire. Puis une amie m'a révélé son histoire : la sœur jumelle de ce garçon était morte de maladie quelques années avant, il n'arrivait pas à en faire le deuil, il voulait réparer. Vous comprenez ? A travers moi, c'est à une autre qu'il s'adressait. J'étais transparente. *(Un temps.)* J'ai refusé de le recevoir. *(Un temps.)* Et le pire est que ça le rendait très malheureux.

Julien Et maintenant ?

Laura Il est marié avec une jeune femme normale, il attend un bébé et nage dans le bonheur. Son amour pour moi faisait simplement partie de son deuil. *(Un temps.)* Je hais la pitié ! Je ne veux pas la

---

11 **s'avouer** sich eingestehen – **troublé,e** *ici:* verwirrt – 17 **un simulacre** une illusion, un fantôme – 24 **révéler** *ici:* raconter – **jumeau, jumelle** Zwillings- – 26 **faire son deuil de qc** sich mit etw. abfinden, auf etw. verzichten – **à travers** durch – 32 **nager dans le bonheur** glückstrunken sein

pitié ! Je suis salie par la pitié ! *(Un temps.)* Croyez-vous que je sois trop orgueilleuse ?

La sonnerie retentit. Le tableau clignote.

Julien et Laura ont un sursaut de surprise.

Le Docteur S… et ses deux assistants accourent. Elle jauge la situation puis se tourne vers Julien.

LE DOCTEUR S… Julien, c'est votre tour.

Julien est pris de panique. Son sang le quitte. Une peur animale le fige.

JULIEN Moi ?

LE DOCTEUR S… Oui. Venez vers l'ascenseur.

Julien ne bouge pas.

Les deux assistants l'encadrent et l'emmènent vers l'ascenseur. Le Docteur S… lui pose la main sur l'épaule pour l'apaiser. Mais Julien ne peut supporter cette sonnerie stridente ni cette absurde attente. Il tremble.

JULIEN *(pour lui)* Je vais mourir. Je suis persuadé que je vais mourir.

Il se dégage soudain de l'étreinte du Docteur S… et se tourne vers Laura comme on cherche une issue.

JULIEN J'ai peur.

LAURA Il ne faut pas. Moi, je n'ai jamais peur.

JULIEN J'ai peur. Laura ! Parlez-moi !

LAURA Qu'est-ce que vous voulez que je vous dise ?

JULIEN *(fiévreux)* Parlez-moi de vous. Vite, de vous ! Dépêchez-vous, je n'ai plus qu'une minute. Où habitez-vous ?

LAURA *(répondant avec la même urgence)* Une grande maison au bord de la mer, avec des fenêtres aussi larges que l'horizon.

JULIEN Il y a une plage ?

LAURA Oui, longue, blanche et bleue. J'adore qu'on me promène longuement sur l'allée de la plage.

JULIEN Et puis ? Qu'aimez-vous faire ?

LAURA Rêver. Ecouter de la musique. Et en écoutant la musique, écouter le silence autour.

JULIEN Et puis ?

---

2 **orgueilleux, -euse** *ici:* fier – 5 **accourir** venir en courant – **jauger** einschätzen – 9 **figer** lähmen – 13 **encadrer** entourer – 14 **apaiser** calmer – 15 **strident,e** schrill – 17 **persuadé,e** convaincu – 18 **une étreinte** *ici:* Griff

LAURA Et puis lire, voracement, pour vivre toutes les vies que je ne vivrai pas.

Julien Et puis ?

Laura Et puis il me semble… que j'aimerais être amoureuse.

JULIEN *(avec angoisse)* Oh, moi aussi. *(Soudain, en la regardant, il s'exclame avec feu et franchise :)* Vous êtes belle !

Laura (inquiète) Pourquoi me dites-vous ça ?

La sonnerie retentit mais l'ascenseur n'est toujours pas arrivé. Julien profite de ses derniers instants.

JULIEN Parce que je le pense depuis que je vous ai vue mais que je ne m'étais pas donné la peine de vous le dire. *(Avec fièvre.)* Lorsque les portes de l'ascenseur vous ont laissée apparaître, je vous ai trouvée étonnante, étrange, magnifique, comme une perle d'huître sauvage. J'ai pensé : Je ne suis pas beau mais quelle importance puisqu'elle est belle pour deux ?

Laura Taisez-vous.

Julien Puis le Docteur S… vous a appelée Laura, deux syllabes simples comme bonjour, « bonjour, Laura », deux notes qui demandent à la bouche de prendre la forme d'un baiser. J'ai pensé : Je ne suis que Julien mais quelle importance puisqu'elle est musicale pour deux ?

Laura Taisez-vous.

JULIEN *(reprenant de l'assurance sans s'en rendre compte)* Ensuite, je vous ai écoutée tenir tête au Docteur S…, on aurait dit une figure de proue qui, souriante, affrontait les embruns, l'écume et la tempête. J'ai pensé : Je ne suis pas courageux mais quelle importance puisqu'elle est brave pour deux ?

LAURA Taisez-vous.

JULIEN Et sitôt que j'ai aperçu toute cette force, j'ai senti sa faiblesse aussi, la faiblesse qui vient de la tension de la force, de cette force qui peut se briser tout d'un coup, alors je me suis dit que vous aviez peut-être besoin d'une main. *(Souriant.)* Dans une autre vie, une vie que je ne raterais pas, j'aurais deux mains à votre service.

---

1 **vorace** gierig – 6 **s'exclamer** crier – **la franchise** l'honnêteté *f* – 13 **une huître** Austern – 14 **puisque** da – 23 **l'assurance** *f* Selbstbewusstsein – 24 **une figure de proue** Gallionsfigur – 25 **affronter qc** einer Sache die Stirn bieten – **les embruns** *m* Gischt – **l'écume** *f* Gischt – 27 **brave** courageux – 29 **sitôt que** dès que – **une faiblesse** → faible – 30 **une tension** Anspannung

Voilà ce que je ne vous ai pas dit. Et, à cet instant même, il y a encore des choses que je ne vous dis pas : que je voudrais être avec vous dans la grande maison au bord de la mer, écouter avec vous la musique et le silence, et vous faire lire un peu moins pour vous faire vivre un peu plus.

LAURA Taisez-vous.

JULIEN Parce que soudain, là, en face de vous, je me sens pris d'une fièvre, une fièvre fulgurante, une fièvre qui me donne de l'air, de l'appétit, de l'enthousiasme, une fièvre à soulever la Terre, à vous rendre vos jambes, à vous broyer entre mes bras, à faire sonner pleines toutes les heures, à écarter la mort, à… *(un temps)*… c'est curieux, je n'ai presque plus peur.

La sonnerie s'arrête. Le silence est brutal.

Julien et Laura demeurent stupéfaits, déconcertés.

Le Docteur S… revient calmement vers Julien.

LE DOCTEUR S… C'était une fausse alerte. Votre heure n'est pas encore venue. Ce sont des choses qui arrivent parfois. Rarement. Un incident a dû se produire pendant votre opération.

Julien et Laura sont encore plus accablés.

LE DOCTEUR S… Je vous laisse.

Julien et Laura restent un instant immobiles, comme épinglés par le destin.

Le Docteur S… se retourne au moment de sortir, réfléchit, et finit par dire :

LE DOCTEUR S… Je suis désolée de ce malentendu.

Elle pense avoir dit ce qu'il fallait et sort.

Julien et Laura se regardent, pétrifiés.

JULIEN *(en écho)* Désolée…

Il éclate d'un rire nerveux. Il en est comme secoué. Laura s'en inquiète. Il a l'air fou.

LAURA Julien !

JULIEN *(hystérique)* Désolée ! Désolée ! Un malentendu !

---

8 **fulgurant,e** *ici:* violent – 10 **broyer** erdrücken – **faire sonner pleines toutes les heures** *ici:* profiter de chaque instant – 11 **écarter** éloigner – 16 **une alerte** Alarm – 18 **un incident** Zwischenfall – 19 **accablé,e** déprimé – 21 **épinglé, e** *ici:* pris – 22 **le destin** Schicksal – 25 **être désolé,e** regretter – **un malentendu** Missverständnis

Il se jette avec rage sur les fauteuils et les renverse. Il a besoin d'exprimer la violence qui l'habite. Il met la pièce à sac.

Puis il se laisse tomber par terre, les épaules secouées par des sanglots nerveux.

Julien Trop tard. Je l'ai dit. C'est trop tard.

Laura *(doucement)* Quoi donc ?

Julien Que je t'aime !

Laura *(paniquée)* Non, tu ne l'as pas dit !

Julien Si ! Si !

Laura Non, tu n'as parlé que des choses concrètes, de détails, tu voulais vivre dans une grande maison au bord de la mer, écouter de la musique, non…

Julien Si ! Ces mots-là, mes lèvres les ont prononcés cent fois toutes seules, comme un exercice qui appartient à la gymnastique du sexe, mais, pour la première fois, là, je les ai sentis passer : ça brûle.

Laura *(frissonnante, luttant contre son émotion)* Tu n'as rien dit.

Julien Je l'ai dit. Je te le dis.

Il la regarde intensément. Il se relève, s'approche et l'embrasse doucement. Elle frémit sous ce baiser. Elle l'interrompt pour demander :

Laura Tu n'as pas pitié, n'est-ce pas ?

Julien Pas une seconde.

Ils s'embrassent encore. Elle s'abandonne contre lui.

Laura *(les larmes aux yeux)* C'est injuste. Jusqu'ici, je n'avais jamais eu peur, et maintenant j'ai si peur.

Julien Peur de quoi ?

Laura Peur de te perdre.

Le Mage revient et les surprend enlacés.

Le Mage Oh, désolé…

Julien *(joyeusement)* Décidément, depuis que tout va bien, tout le monde est désolé.

Le Mage *(à Laura)* Quelle déception ! Moi qui pensais vous avoir fait une cour brillante !

Ils rient tous les trois.

Le Docteur S… apparaît.

---

1 **renverser** umwerfen – 2 **mettre à sac** *m* plündern – 3 **un sanglot** une larme – 13 **une lèvre** Lippe – 19 **frémir** zittern – 27 **enlacé,e** umschlungen – 32 **brillant,e** *ici:* excellent

LE DOCTEUR S… Je voudrais parler à Julien.

LAURA *(inquiète)* Ne me le prenez pas.

Le Docteur S… sourit gentiment à Laura.

LAURA *(impérieuse)* Il reste ici. Moi aussi. Plus personne n'a envie de guérir.

Le Mage la prend doucement par le bras.

LE MAGE Bon, je reprends mon emploi : confident. C'est habituellement mon rôle dans les histoires d'amour. *(Ironique.)* Sans doute dû à mon physique avantageux.

Ils sortent.

Le Docteur S… s'approche de Julien.

LE DOCTEUR S… Je sais ce qui s'est passé. Pendant un instant, vous avez failli sortir du coma.

JULIEN *(souriant)* Oui. C'est bien ce qui s'est passé. Le brouillard s'est dissipé. *(Soudain.)* Et Laura ?

LE DOCTEUR S… Je ne peux rien dire.

JULIEN Qu'en pensent-ils, là-bas ?

Le Docteur S… Il faut qu'on trouve un cœur à lui greffer. C'est la dernière solution.

Julien Y a-t-il une chance ?

Le Docteur S… « Chance » est le mot. Il faut que quelqu'un meure pour qu'elle vive. Quelqu'un qu'on amène à l'hôpital Saint-Louis. Et cela dans les heures qui viennent.

Julien Et vous ne savez pas ?

LE DOCTEUR S… Je ne sais jamais qui va mourir maintenant ou demain.

JULIEN Mais on vous informe ?

LE DOCTEUR S… *(avec malice)* On ?

JULIEN Oui, Dieu, le Diable ou le Destin, que sais-je ? Il y a bien un Grand Livre où tout est écrit. *(Presque violent.)* Qu'y a-t-il dans vos dossiers ?

LE DOCTEUR S… *(les gardant contre elle)* Des éléments.

JULIEN Alors !

---

4 **impérieux, -euse** autoritaire – 7 **un,e confident,e** Vertraute(r) – 9 **un physique** Äußeres – **avantageux, -euse** → un avantage – 14 **le brouillard** Nebel – 15 **se dissiper** disparaître

Le Docteur S… Juste quelques éléments. Votre nature. Votre santé. Votre histoire. Mais pas vos choix. *(Soudain plus précise :)* Vous arrivez au monde chargés de données, alourdis d'une hérédité, d'une famille, d'un milieu, attachés à un village, un pays, une langue, une époque, tout vous distingue, tout vous sépare, tout vous différencie, mais une seule chose, une seule, vous rend identiques : vous êtes libres. Libres, comprenez-vous ? Libres d'abîmer votre corps, libres de vous ouvrir les veines, libres de ne pas guérir d'un chagrin d'amour, libres de vous laisser pourrir dans votre passé, libres de devenir héroïques, libres de prendre de mauvaises décisions, libres de rater votre vie ou de hâter votre mort. Croyez-moi, il n'y a pas de Grand Livre du Destin, seulement quelques indications sur une fiche. Des données. Ce qu'on ne peut pas calculer, c'est votre liberté.

Julien Qu'est-ce que vous me chantez ! Je ne vois pas bien ce que Laura pourrait choisir. Elle est née avec un organisme qui ne fonctionne pas.

Le Docteur S… Elle pouvait choisir de ne pas le supporter, de jouer les malades, plonger dans la dépression et, très vite, s'enfoncer dans la mort. Elle a choisi d'aimer la vie quand même, d'être joyeuse, légère, amoureuse de tout. Sa naissance l'avait mise dans l'ombre, elle a préféré la lumière. Toute personne qui a croisé Laura se souvient d'elle comme d'un soleil.

Julien Je l'aime

Le Docteur S… se dirige vers le couloir V puis se retourne gentiment vers Julien.

Le Docteur S… Je l'avais compris.

Julien C'est idiot, n'est-ce pas ?

Le Docteur S… D'aimer ? Jamais. *(Un temps.)* Par contre, vous devez, par honnêteté, vous demander si vous aimez réellement Laura… ou bien si vous n'en êtes tombé amoureux que parce que c'était impossible.

Julien demeure foudroyé par cette remarque.

---

2 **un choix** → choisir – 3 **charger** beladen – **les données** *f* Angaben, Daten – **alourdir** → lourd – **une hérédité** Vererbung – 7 **abîmer** beschädigen – 8 **s'ouvrir les veines** *f* sich die Pulsadern aufschneiden – **guérir** ≠ tomber malade – **un chagrin** Kummer – 11 **hâter** accélérer – 19 **plonger** *ici:* tomber – **s'enfoncer** versinken – 22 **croiser** *ici:* rencontrer – 33 **foudroyé,e** erschlagen

LE DOCTEUR S… Je vais la voir. Laissez-la-moi quelques instants.

Elle sort par le couloir A.

Le Président la croise et la voit disparaître.

LE PRÉSIDENT Naturellement, le Docteur S… s'en va lorsque j'arrive !

Il se laisse à son tour tomber dans un fauteuil, devant Julien. Il semble subitement perplexe.

LE PRÉSIDENT Je me demande si je ne me suis pas totalement trompé.

JULIEN *(dans sa pensée)* Moi aussi.

LE PRÉSIDENT On parle, on croit distribuer les bonnes cartes et l'on se reçoit brutalement le jeu dans la figure.

JULIEN Oui.

LE PRÉSIDENT J'ai fait fausse route.

JULIEN *(réagissant soudain)* Quoi ? Même vous ? *(Presque amusé.)* Une épidémie de remises en question contamine cet hôtel.

LE PRÉSIDENT Mon jeune ami, seuls les crétins ne changent pas d'avis. Et croyez-moi : j'en ai bien connu.

Julien Je n'en doute pas.

LE PRÉSIDENT *(poursuivant sa pensée)* Je n'aurais jamais dû déclarer que je faisais partie du Panther's Club. Le Docteur S… a dû vouloir y entrer un jour et mes collègues n'ont pas accepté ce petit professeur d'une clinique de banlieue. Depuis que j'ai prononcé le mot « Panther's Club », il me regarde de travers. Il me fait payer son échec.

JULIEN Monsieur le Président, soyez sérieux : croyez-vous vraiment qu'on se soucie du Panther's Club ici ?

LE PRÉSIDENT *(sans douter une seconde)* Evidemment. Tout le monde voudrait faire partie du Panther's Club. Je ne connais personne qui n'ait un jour fait des pieds et des mains pour entrer au Panther's Club.

Julien (se levant) Monsieur le Président, je n'ai jamais rêvé d'entrer au Panther's Club.

---

14 **faire fausse route** se tromper – 16 **contaminer** anstecken – 20 **poursuivre qc** → suivre – 21 **le Panther's Club** *Anspielung auf den Lion's Club* – 24 **payer qc à qn** *ici:* jdm etw. büßen – 27 **se soucier** s'inquiéter – 30 **faire des pieds** *m* **et des mains** *f* alle Hebel in Bewegung setzen

Le Président (choqué) Ah ?

Julien Jamais. Et je n'en rêverai jamais.

Le Président *(comprenant soudain)* J'y suis ! Vous préférez l'Otary's Club !

Julien Non.

Le Président Je vous dis que le Docteur S… s'est définitivement fermé lorsque je me suis réclamé du Panther's Club.

Julien Monsieur le Président, avez-vous compris ce que fait le Docteur S… du matin au soir ? Diriger les êtres humains vers la vie ou la mort ? Passer les destins.

Le Président *(éclatant de rire)* Non ? Vous avez cru la petite théorie de ce Mage Radjapour sur l'endroit où nous nous trouvons ?

Julien Euh… oui.

Le Président *(riant)* Un lieu entre la Terre et le ciel, où nous attendrions que notre sort se décide ? Vivre ou mourir ? Par l'ascenseur ? Un hôtel entre deux mondes ?

Julien Oui.

Le Président *(riant)* Quelle naïveté !

Julien Pourtant, lorsque je suis arrivé, j'ai cru que vous aussi vous ajoutiez foi à cette…

Le Président Je fais semblant. L'enturbanné le croit. Les pensionnaires le croient. Le Docteur S… les laisse croire pour pouvoir continuer son travail. Moi-même, je ferai semblant jusqu'au bout. Il ne faut pas les contrarier.

Julien Alors où sommes-nous, selon vous ?

Le Président Dans un asile d'aliénés.

Julien Ah ?

Le Président C'est évident. Il n'y a que des fous ici.

Julien ouvre les bras, amusé.

Julien Et qu'est-ce que vous y faites ?

Le Président Une erreur d'aiguillage. Après ma chute, l'ambulance qui m'a emporté a dû se tromper de service. C'est ce que je me tue à répéter depuis deux jours au Docteur S…

---

3 **l'Otary's Club** *Anspielung auf den Rotary Club* – 10 **passer les destins** décider de l'avenir – 21 **un,e enturbanné,e** qn qui porte un turban – 24 **contrarier** fâcher – 25 **selon** d'après – 26 **un asile d'aliénés** *m* Irrenhaus – 31 **un aiguillage** une orientation – **une chute** le fait de tomber – 32 **se tuer à faire qc** *ici:* se fatiguer, se donner du mal

Julien Et comment expliquez-vous que je ne souffre pas de mon entorse ? Que Laura puisse tourner, virer, elle qui ne se déplace d'ordinaire qu'en fauteuil ?

Le Président Les pouvoirs de l'autosuggestion.

Julien Et que, dans votre chambre, vous entendiez converser votre épouse et vos fils ?

Le Président Effectivement, ça, c'est étrange… Mais il doit y avoir une explication.

Julien L'explication, c'est justement ce que vous niez.

Le Président Allons, mon jeune ami, soyons sérieux. Un tel endroit est totalement impossible. Il n'est mentionné nulle part. Si vous aviez fait vos études religieuses, vous le sauriez comme moi : nous montons directement devant Dieu.

Julien Peut-être que votre Dieu n'est qu'à l'étape suivante…

Le Président Ineptie. Ce n'est pas dans les textes.

Julien Regardez bien autour de vous, cet ascenseur, cette réception, ces…

Le Président Tout ça n'existe pas. Je suis formel, tout ça n'existe pas.

Julien Moi non plus je n'existe pas ?

Le Président *(sur son élan de mauvaise foi)* Evidemment ! Je suis formel !

Julien Comment pouvez-vous nier ce qui vous entoure ! Je suis là, vous êtes là, nous sommes là. Comment faut-il vous conjuguer la réalité ? Comment pouvez-vous passer à côté des choses et des gens sans les voir ?

Le Président Mais très simplement, mon cher, c'est une question d'éducation : cela s'appelle avoir des convictions.

Julien Monsieur le Président, vous vous rendez tout de même compte que quelque chose vous échappe.

Le Président Naturellement. Mais, mon jeune ami, lorsque quelque chose nous échappe, à quoi devons-nous nous accrocher ? A nos convictions.

---

2 **virer** *ici:* tourner – **se déplacer** bouger – 3 **un fauteuil** *ici:* un fauteuil roulant (Rollstuhl) – 5 **converser** parler – 6 **une épouse** Ehefrau – 9 **nier** leugnen – 11 **mentionner** nommer – 15 **une ineptie** une bêtise – 21 **la mauvaise foi** Unaufrichtigkeit – 28 **une conviction** → convaincre

Julien Finalement, vous êtes plus sûr de vos convictions que de ce que vous voyez.

Le Président Naturellement, mon jeune ami. Le chemin est obscur, brouillé, confus, c'est pour cela que nous avons nos convictions, comme un bâton et une lanterne pour nous conduire. Sinon, à quoi cela servirait-il ? Vous raisonnez trop.

Julien *(exaspéré)* Et vous, vous raisonnez comme un tambour. Ça sonne parce que c'est creux.

Le Président (choqué) Pardon ?

Julien (répé*tant comme le Mage)* C'est creux !

Le Président *(haussant les épaules)* Pffuit… Quelle muflerie ! M'étonne pas que vous préfériez l'Otary's.

Le Mage entre, tenant Laura à son bras. Ils rient. Ils ont l'air très joyeux.

Laura *(au Mage)* Quel dommage que vous n'ayez pas été là, la dernière fois.

Le Mage J'espère que vous allez rester longtemps parmi nous.

Laura *(regardant Julien)* Je l'espère aussi.

Julien se lève. Lui et Laura s'approchent lentement l'un de l'autre et se regardent.

Le Président, agacé, sort. On entend claquer la porte de sa chambre.

Julien C'est plus difficile, maintenant.

Laura Oui.

Julien Je ne sais plus trop quoi dire.

Laura Oui.

Julien, se sentant observé, se retourne vers le Mage.

Julien Nous ne vous dérangeons pas, au moins ?

Le Mage Ah, mais pas du tout. Vraiment, pas une seconde. *(Il déplie son journal.)* Je vais en profiter pour lire mon journal.

Laura Laisse-le. C'est un doux.

Ils se regardent de nouveau.

Julien C'est un amour sans avenir.

Laura L'avenir ne compte pas.

Julien *(tendrement)* Tu as raison.

---

3 **obscur,e** ≠ clair – 4 **brouiller** rendre confus – 5 **un bâton** Stock – 6 **raisonner** penser – 7 **un tambour** Trommel – 8 **creux, creuse** vide – 11 **une muflerie** Rüpelhaftigkeit – 21 **agacé,e** énervé

Ils se regardent, ils se touchent les mains.

LAURA Voilà, on y arrive, on n'a plus besoin de parler.

Le Président déboule, furieux comme à son habitude, et fonce sur le Mage. Il lui arrache le journal des mains.

LE PRÉSIDENT Voulez-vous bien me passer la page boursière !

Il arrache le feuillet et laisse tomber le reste par terre.

LE MAGE *(ironiquement)* Je vous en prie, faites.

LE PRÉSIDENT *(cherchant dans les colonnes)* Mon crétin de fils aîné prétend que les actions Robina ont baissé ! *(Il trouve la ligne et s'exclame :)* Mais c'est le même journal qu'hier !

LE MAGE Naturellement. Et qu'avant-hier. Je l'avais lors de mon arrivée, il y a six mois. Je le lis tous les jours.

LE PRÉSIDENT C'est idiot.

LE MAGE Tttt… ttt… vous parlez sans savoir… mais moi qui désormais le connais par cœur, je peux vous l'assurer : Le Républicain indépendant du 12 avril, on n'a jamais fait mieux !

LE PRÉSIDENT Comment pouvez-vous relire continuellement le même journal ?

LE MAGE Je ne prétends pas éprouver chaque fois une réelle sensation de surprise, mais de l'intérêt, oui, beaucoup d'intérêt pour ce qui arrive à cette pauvre femme de cent quatre-vingts kilos qui vient de perdre son travail pour surpoids et qui a six enfants à élever. Chaque jour je me demande : avec quoi va-t-elle désormais les nourrir ? Et ce cher Premier ministre, dont le parti vient de perdre les élections, chaque jour je m'inquiète : comment va-t-il faire pour gouverner ?

Le Président Ah, ça, c'est déjà de l'histoire ancienne, je peux vous le dire. Figurez-vous que…

Le Mage Non, s'il vous plaît. Si vous me donnez la réponse aujourd'hui, comment voulez-vous que demain je me pose encore la question ?

Le Président Enfin, vous vouliez avoir les informations…

---

3 **débouler** arriver tout à coup – **foncer** se jeter – 4 **arracher** enlever avec violence – 5 **boursier,ère** → la bourse – 6 **un feuillet** une feuille – 9 **prétendre** affirmer – 22 **un surpoids** Übergewicht – 23 **désormais** maintenant – 25 **une élection** Wahl – 26 **gouverner** → un gouvernement

Le Mage Je n'aime pas les informations, sinon je ne lirais pas les journaux. J'aime le suspense, j'aime le feuilleton de la vie, j'aime me demander ce qui se passera demain, j'aime imaginer que quelque chose est en train de se produire. Si je voulais apprendre, je lirais des livres d'histoire.

Le Président Non, mais vous êtes fou !

Le Mage Si vous incarnez la raison, je veux bien prendre le rôle du fou.

Le Président *(vexé)* Pardon ?

Le Mage C'est affligeant de constater à quel point vous manquez de repartie. Tout ce que vous trouvez à répondre lorsque je vous pique, c'est « pardon ».

Le Président Pardon ?

Le Mage Vos protestations sont si plates qu'un jour, vous l'aurez cherché, je ne vous embêterai même plus.

Le Président Pardon ? *(Se reprenant.)* J'estime qu'on ne doit jamais perdre un ami pour un mot d'esprit.

Le Mage Sauf que les mots sont plus fidèles que les amis.

On entend la sonnerie qui annonce un départ.

Le Docteur S…, suivie de ses assistants, entre rapidement et se dirige vers le tableau.

Tout le monde la regarde avec anxiété.

Julien serre Laura contre lui.

Le Docteur S… Monsieur le Président, c'est votre tour.

Le Président *(satisfait)* Enfin ! Il était plus que temps de mettre fin à cette erreur scandaleuse.

Le Docteur S… Monsieur le Président, comprenez bien que je n'ai ni le droit ni le pouvoir de vous traiter différemment des autres, non plus que je n'ai l'opportunité de hâter quoi que ce soit.

Le Président *(subitement radouci par ces excuses)* C'est bien, c'est bien, maintenant tout est arrangé, n'en parlons plus. J'étais pressé, c'est tout. Il faut que j'aille remettre les pendules à l'heure à la maison.

---

2 **le suspense** Spannung – **un feuilleton** Serie – 7 **incarner** représenter – 10 **affligeant,e** triste – 11 **la repartie** Schlagfertigkeit – **piquer** *ici:* agacer, irriter – 16 **se reprendre** sich fangen – 22 **l'anxiété** *f* la peur – 30 **radoucir** → doux – 31 **être pressé,e** es eilig haben – 32 **remettre les pendules** *f* **à l'heure** *f* mettre de l'ordre

Le Docteur S… J'espère que ce séjour de réflexion vous aura été profitable, cher Président.

Le Président *(spontanément)* Oui, je pense que je vais refaire mon testament.

Le Docteur S… *(sans vraiment écouter)* Très bien.

Le Président Je laisserai le minimum à la Présidente, je déshériterai mes fils et je créerai une fondation.

Le Docteur S… *(sans écouter)* Très bien.

Le Président Une fondation qui portera mon nom, la Fondation Delbec, et qui aura pour objet d'entretenir ma mémoire.

Le Docteur S… Voulez-vous bien prendre place dans l'ascenseur, monsieur le Président ?

Il s'approche d'elle et murmure :

Le Président Vous savez –si vous voulez–, je peux vous épauler pour entrer au Panther's Club.

Le Docteur S… Pardon ?

Le Président *(avec un petit air suffisant)* Ils n'ont rien à me refuser, ils ont des ascenseurs à me renvoyer.

Le Docteur S… fait signe à ses assistants d'aider le Président. Il garde son petit air avantageux et fait un clin d'œil au Docteur.

Le Président Alors ? C'est dit ? Je vous parraine ?

Le Mage Le Docteur préfère l'Otary's.

Le Président *(s'étouffant de rage)* Argh ! J'en étais sûr ! J'en étais sûr ! L'Otary's ! Cet endroit est un repaire de terroristes !

Les portes commencent à se refermer. Soudain inquiet, le Président proteste.

Le Président Mais où m'emmenez-vous ? Vous n'avez pas le droit ! Je vous dénoncerai ! Laissez-moi sortir ! A l'aide !

Les portes sont closes. On n'entend plus les cris du Président. Tout le monde regarde attentivement les flèches au-dessus de l'ascenseur pour apprendre où le Président va partir.

Après quelques secondes, la flèche indique la Terre. Fin de sonnerie. Bruit de la cabine qui descend.

---

6 **déshériter** enterben – 7 **une fondation** Stiftung – 10 **entretenir** honorer – 14 **épauler** unterstützen – 18 **renvoyer l'ascenseur** *m* sich revanchieren – 20 **un clin d'œil** *m* Augenzwinkern – 21 **parrainer** introduire – 24 **un repaire** Schlupfloch – 28 **dénoncer** verraten – 29 **clos,e** fermé

Julien *(outré)* Quoi !

Le Mage Non, il y retourne ! *(Au Docteur S…)* Dites-moi que ce n'est pas vrai ! Il a droit à un second tour ?

Le Docteur S… Il s'est remis de son choc. Le Président jouit d'une très bonne santé.

Le Mage Forcément ! Il n'y a pas de vraie santé sans égoïsme.

Le Docteur S… N'oubliez pas qu'il n'a été renversé que par un vélo.

Le Mage Donnez-moi l'adresse du cycliste que je lui achète un tank.

Julien Alors, vous faites mourir Marie et vous réanimez le Président…

Le Docteur S… Je ? Ça n'a aucun rapport. La mort n'est ni un châtiment ni une récompense. Chacun de vous voit dans sa mort une affaire personnelle. C'est ridicule. Nul n'y échappe. Pour parler votre langage, je dirais que je n'ai jamais rencontré quelqu'un qui méritait de mourir.

Julien Ah oui ? Vous ne recevez pas d'assassins ?

Le Docteur S… Généralement, ils meurent de mort violente. Pour le Président, il n'est pas encore l'heure.

Le Mage *(soudain violent)* Et pour ma fille ? Pour ma fille, à vingt ans, c'était l'heure ?

Julien et Laura se retournent avec surprise vers le Mage.

Le Docteur S… *(s'approchant de lui, doucement)* Vous savez très bien ce que j'en pense, nous en avons déjà parlé. A dix ans, vingt ans, quatre-vingts ou cent ans, c'est toujours la même vie qu'on perd.

Le Mage *(se calmant immédiatement)* Excusez-moi.

Le Docteur S… La vie est un cadeau qui est fait à tout le monde. Et la mort est également donnée à tout le monde. Le Président est une personne comme une autre.

Le Mage Je veux bien respecter tout le monde. J'ai simplement du mal à respecter ceux qui ne respectent personne.

Le Docteur S… ressort.

---

1 **outré,e** empört – 4 **jouir** *ici:* avoir – 7 **renverser** *ici:* überfahren – 10 **un tank** Panzer – 14 **un châtiment** une punition – **une récompense** ≠ une punition – 18 **un assassin** qn qui tue

JULIEN Votre fille ? Vous aviez une fille ?

LE MAGE *(se reprenant)* Moi ? Non.

Julien comprend qu'il ne doit pas insister. Laura sourit avec intelligence.

Ils s'assoient tous les trois ensemble.

LE MAGE Alors dites-moi, mon petit, est-ce qu'en bas ils vont vous sortir de l'état où vous êtes ?

LAURA Ça ne dépend plus d'eux. Ils attendent un cœur qu'on puisse me greffer.

Julien Tu es inquiète ?

Laura Pas du tout.

Le Mage Vous êtes très forte.

Laura Puisque je n'ai pas de santé dans mon corps, j'ai tenté d'en avoir ailleurs.

Julien lui prend la main et l'embrasse. Elle se laisse faire avec volupté.

LAURA *(doucement)* Je n'ai aucun mérite. Etre si souvent souffrante, si souvent allongée ou assise, m'a forcée à réduire mes ambitions. Puisque je ne peux pas me promener, une seule fleur m'enivre autant qu'une journée de promenade dans des jardins de roses. Un rayon de soleil qui glisse entre les fentes du store me donne un vrai bain de plage, je le laisse descendre sur moi, chauffer mon cou, s'égarer sur mon épaule, sur ma poitrine, où il me rend plus lourde l'étoffe du corsage, j'ai froid lorsqu'il s'écarte et va se planter définitivement sur la plinthe. Le bruit de la pluie et des orages sur le toit m'a fait parcourir toutes les mers du globe, découvrir la tempête, le bateau frappé par les flots, la récompense d'une côte gris ardoise au matin lorsque tout s'est apaisé. Je peux m'occuper des heures avec un bout de laine, je ne connais que certains chatons pour en profiter autant que moi. *(Julien l'embrasse de nouveau.)* En fait, le bonheur est au creux de la main. Il suffit de rester immobile, de devenir amnésique, oublier tout de la veille et du lendemain.

---

15 **la volupté** Lust – 18 **enivrer** berauschen – 20 **un store** Rollladen – 21 **chauffer** chaud – 22 **un cou** Hals – **s'égarer** se perdre – **une poitrine** Brust – 23 **une étoffe** Stoff – 24 **une plinthe** Fußleiste – 25 **parcourir** *ici:* traverser – **un globe** Globus – 26 **un flot** une vague – 27 **ardoise** schiefer- – 28 **la laine** Wolle – 29 **un chaton** un jeune chat – 30 **au creux de** dans

Si l'on arrive à se faire minuscule en se calant bien dans le présent d'une chaise placée devant la fenêtre, on savoure l'univers entier. Un grand bonheur n'est composé que de toutes petites choses. *(Elle regarde Julien.)* En ce moment, tu ne peux pas imaginer comme je suis proche de toi, pleine de toi, collée à chaque centimètre de ta peau, accrochée à ton souffle. J'épouse tes muscles, je sens ta force, j'imprime tout de toi.

JULIEN Nous faisons l'amour ?

LAURA Oui.

Ils se regardent intensément. Le Mage, se sentant subitement voyeur, se cache derrière son journal.

JULIEN *(grisé)* Est-il possible qu'il y ait autant de profondeur dans une seconde ? Que ce soit si épais ?

Laura (idem) Il peut y avoir une éternité dans une seconde.

Soudain, elle se contracte et se met à sangloter. Julien se précipite pour l'entourer de ses bras. Le Mage cesse sa lecture.

JULIEN Que se passe-t-il ?

LAURA Je ne sais pas… tout d'un coup, c'est devenu trop fort… je suis épuisée…

JULIEN Viens, nous allons nous allonger dans ma chambre.

Ils se lèvent. Julien la soutient pour sortir, elle est à bout de nerfs.

LAURA On va nous séparer, Julien, ça va être terrible, on va nous séparer.

JULIEN *(apaisant)* Allons, il faut avoir confiance.

LAURA Rien ne dure, Julien, je le sais. On va nous arracher.

Julien Viens.

Il lui prend la main et ils sortent.

Le Mage les regarde sortir. Les employés viennent d'entrer et suivent aussi le départ du couple.

Le Mage se retourne vers les jeunes gens en blanc.

LE MAGE Dites-moi, les anges ont-ils aussi des histoires d'amour ?

En réponse, les deux employés se regardent tendrement.

---

1 **minuscule** très petit – **se caler** se mettre – 5 **proche** nah – 6 **la peau** Haut – **épouser qc** *ici:* sich an etw. anschmiegen – 7 **imprimer** *ici:* prendre – 13 **épais,se** dicht – 14 **une éternité** Ewigkeit – 15 s**e contracter** sich verkrampfen – 20 **s'allonger** coucher – 21 **à bout de nerfs** *m* mit den Nerven am Ende – 25 **arracher** *ici:* séparer

LE MAGE Eh bien, mes salauds, vous ne vous ennuyez pas ici ! *(S'approchant.)* Mais… pour le sexe, comment faites-vous ?

Les deux anges se consultent, étonnés, sans avoir l'air de bien comprendre.

LE MAGE *(satisfait)* Ah, il y a quand même une justice ! *(Il répond à leur question muette.)* Moi ? Non, pas tellement, on ne peut pas dire que j'aie été un grand amoureux. Pourquoi ? *(Il regarde sa tête dans un miroir.)* Je n'ai jamais été persuadé que ça, ça pouvait inspirer de grandes passions. *(Réaction très étonnée des anges.)* Si ? Décidément, toute ma vie, je me suis trompé d'étage. *(*Bouffonnant.*)* On en reparle un de ces soirs, si vous voulez…

Le Docteur S… entre.

LE DOCTEUR S… Je voudrais vous voir.

LE MAGE Ah, vous avez des nouvelles de moi, là-bas ?

LE DOCTEUR S… Oui.

Elle s'assoit auprès de lui. Elle semble un peu découragée. Il lui sourit gentiment.

LE DOCTEUR S… Ce que je vais faire sort de mes attributions. Selon le règlement, je n'ai pas le droit de vous informer. Mais vous êtes ici depuis six mois et… je me suis attachée à vous.

Le Mage Mmm… ça sent le brûlé, ce que vous me dites.

LE DOCTEUR S… *(brusquement)* Il n'y a aucun progrès notable dans votre état. L'équipe médicale songe à vous débrancher.

Le Mage accuse le choc.

LE DOCTEUR S… Je suis désolée. C'est un rude coup.

Le Mage Vous pouvez le dire : se faire débrancher, comme un séchoir à cheveux… *(Un temps.)* Je n'avais pas vraiment réalisé que j'étais tombé si bas, que ma vie ne tenait qu'à un fil dans une prise, à la merci d'un infirmier qui s'y prendrait les pieds. *(Un temps.)* Qu'attendent-ils ?

Le Docteur S… La permission.

---

1 **un salaud** *fam, ici:* Alter – 3 **avoir l'air** *m* aussehen – 10 **bouffonner** rigoler – 16 **auprès de** à côté de – 18 **les attributions** *f* Zuständigkeitsbereich – 20 **s'attacher à qn** *ici:* avoir des sentiments pour qn – 22 **notable** particulier – 24 **accuser** *ici:* schlucken – 25 **rude** brutal – 27 **un séchoir à cheveux** *m* Föhn – 28 **ne tenir qu'à un fil** nur an einem dünnen Faden hängen – **une prise (de courant)** Stecker – 29 **être à la merci de** ausgeliefert sein – **se prendre les pieds** *m* **dans qc** stolpern

Le Mage Ça, c'est trop fort. Qui peut la leur donner ?

Le Docteur S… Votre neveu. C'est le seul parent qui vous reste.

Le Mage Mon Dieu, ce petit morveux qui avait toujours des coulées jaunâtres sous le nez… J'espère qu'il se souviendra de tous les bonbons à la fraise que je lui ai achetés… et des Noëls que nous avons passés ensemble. J'espère qu'il ne s'est jamais rendu compte que j'ai toujours triché aux cartes avec lui.

Le Docteur S… Pour l'instant, ils ne le trouvent pas, ils n'arrivent pas à le joindre.

Le Mage *(avec un sourire)* Le cher petit finit ses études aux Etats-Unis. *(Epanoui.)* C'est grand, les Etats-Unis.

Le Docteur S… N'ayez pas de faux espoirs. Ils le contacteront. Et vous ne sortirez pas de ce coma.

Le Mage J'ai compris.

Elle lui tapote l'épaule. Il prend sa main. Il sourit.

Julien entre en trombe et se précipite vers le Docteur S…

Julien Un instant. Docteur, j'ai quelque chose à vous demander. Mais je voudrais être certain que vous me répondrez oui.

Le Docteur S… *(lâchant la main du Mage)* Alors c'est déjà non.

Julien Accordez-moi une seconde. *(Elle s'arrête pour l'écouter.)* Je voudrais que, quoi qu'il arrive, Laura et moi, nous fassions le même trajet dans l'ascenseur. Vous comprenez ? Que nous retournions ensemble sur terre. Ou que nous partions ensemble… là-haut.

Le Mage Vous n'avez plus peur ?

Julien Je n'ai plus peur que d'une chose : la perdre.

Le Mage Croyez-vous qu'il y ait quelque chose, là-haut ?

Julien Avant, le hasard me suffisait pour expliquer un univers qui m'écœurait, oui, un brassage, une mixture de molécules, ça devait être la recette de cette mauvaise soupe. Mais lorsque je regarde Laura… Des molécules qui se culbutent au hasard auraient créé Laura ? Les chocs qui font les graviers et la fumée seraient responsables de la beauté de Laura, du sourire de Laura, de l'esprit de Laura ?

---

2 **un parent** Verwandter – 3 **un morveux** *fam* Rotzbengel – **une coulée** *ici:* Rotz – 4 **jaunâtre** → jaune – 7 **tricher** schummeln – 11 **épanoui,e** heureux – 20 **accorder** donner – 22 **un trajet** un chemin – 28 **écœurer** ≠ enthousiasmer – **un brassage** un mélange – 30 **se culbuter** tomber – 31 **un gravier** Kieselstein

Le Docteur S… Peut-être.

Julien Non. Maintenant j'ai une raison d'être optimiste, elle s'appelle Laura.

Le Docteur S… Que vous aimiez la vie, tant mieux. Mais n'avez-vous pas peur de la mort ?

Julien *(en tremblant)* Moins.

Le Docteur S… Un Dieu qui vous fait être peut aussi être un Dieu qui vous fait disparaître.

Julien *(hésitant)* A quoi bon être une fois si ce n'est pour être toujours ?

Le Docteur S… C'est déjà bien que les choses soient. Pourquoi voudriez-vous qu'elles durent ?

Julien On ne nous a pas donné l'intelligence pour la supprimer, sinon c'était un cadeau inutile, empoisonné. Une matière qui pleure sur elle-même, est-ce encore de la matière ? La conscience, est-ce juste une chair qui saigne ou bien ce qui s'élève au-dessus de la viande ?

Le Docteur S… C'est le rasoir de la conscience : permet-elle de désespérer ou d'espérer ? Est-elle conscience d'une tragédie ou conscience d'un mystère ?

Julien Je fais le pari. Savoir qu'on meurt est un signe.

Le Mage De quoi ?

Julien Le signe qu'on ne fera pas que mourir.

Le Docteur S… Tout est obscur, pourtant.

Julien Là où je voyais de l'obscurité, je veux voir une promesse de lumière.

Le Docteur S… Et tout cela, vous le devez à Laura ?

Julien Qu'est-ce qu'un miracle ? Ce qui donne la foi. Laura est mon miracle.

Le Docteur S… *(amusée)* Evidemment…

Julien Un miracle suffit. Maintenant, je suis confiant, je veux espérer dans ce que je ne comprends pas. *(Suppliant.)* Laissez-nous partir ensemble.

Le Docteur S… Je voudrais pouvoir vous dire oui.

---

14 **empoisonner** vergiften – 16 **saigner** → le sang – 18 **un rasoir** Rasierer – 19 **désespérer** ≠ espérer – 21 **un pari** Wette – 25 **l'obscurité** *f* → obscur – **une promesse** → promettre – 28 **la foi** Glaube

Julien Dites oui.

Le Docteur S… Je n'ai aucun pouvoir. *(Un temps.)* Aucun.

Julien *(abattu)* Ah…

Le Docteur S… Le sort de Laura dépend des circonstances. Je ne commande pas aux circonstances.

Julien Bien sûr… bien sûr… *(Il se dirige lentement vers le couloir A.)* Je retourne voir Laura… je suis idiot de passer tant de temps loin d'elle. *(Hagard.)* Merci.

Il disparaît.

Epuisée par cet échange, le Docteur S… se laisse tomber sur une chaise.

Le Mage Rude métier.

Le Docteur S… se tait.

Le Mage *(comprenant)* S'occuper des autres, gagner leur confiance, et puis, subitement, leur avouer qu'on n'a aucun pouvoir.

Le Docteur S… se tait toujours mais lui sourit.

Le Mage Vous me plaisez, docteur. Au début, je vous trouvais rude. Je vous en voulais de ne même pas nous donner de réponses.

Le Docteur S… Vous ne vouliez pas de réponses, vous vouliez vous nourrir d'illusions.

Le Mage Eh oui, des convictions, comme le Président. L'arme des faibles et des inquiets, les convictions. Même les convictions négatives valaient mieux qu'un doute. J'avais besoin qu'on me dise : c'est comme ceci, pas comme cela.

Le Docteur S… Puis vous avez appris à vous contenter d'hypothèses.

Le Mage Comme c'est bon ! Jouer avec les hypothèses comme avec des bulles de savon. Et lorsqu'on ne sait plus, imaginer encore.

Le Docteur S… se dispose à sortir.

Le Mage se lève brusquement, sort une carte de sa veste, et, impérieux, la tend au Docteur.

Le Mage Voici le numéro de téléphone de mon neveu. Qu'on l'appelle pour me débrancher.

Le Docteur S… C'est inutile. Ce qui arrivera arrivera. Je n'ai pas à communiquer cette information.

---

17 **en vouloir à qn** être fâché avec qn – 22 **valoir** wert sein – 24 **se contenter** → content – 27 **une bulle** Blase – **un savon** Seife – 28 **se disposer à** *ici:* vouloir

Le Mage Docteur, je vous en supplie, il faut faire vite. Laura se trouve à Saint-Louis, comme moi. La manœuvre est toute simple : il suffit d'arracher un fil, de me prendre un petit morceau de chair à l'intérieur de la poitrine, et de le descendre à l'étage en dessous.

Le Docteur S... Vous me demandez quelque chose d'interdit.

Le Mage N'en n'avez-vous pas assez de voir défiler les gens, les voir prendre conscience de tout ce qu'ils ont raté ou réussi, les voir peut-être devenir meilleurs, et puis, hop, tout cela ne sert à rien ? Vous n'en avez pas assez que le destin soit une loterie ? Que le brassage soit le seul critère ? Pourquoi ce grand silence de Dieu ? Dieu est-il lui-même dans le coma ? Pourquoi ne répond-il pas ? Dieu est en état de choc ? Ranimez-le ! Faites quelque chose ! Depuis des siècles, on parle de lui à son chevet : qu'il se réveille ! Ou bien, s'il s'en fout vraiment, s'il roupille définitivement, remplacez-le, vous ! Jouez la Providence !

Le Docteur S... Ne soyez pas naïf. La Providence ! Que l'univers tienne compte de vos mérites, que le bon soit récompensé et le mauvais châtié, que la maladie punisse, que la bonté repousse la mort, oui, une justice, n'importe quoi qui ressemblerait à une justice, même une justice injuste, des dieux capricieux ou partisans, oui, même un dieu terriblement arbitraire ! Cela voudrait dire qu'il y a une volonté, un ordre, une pensée, quelque chose qui ressemble à de l'homme au-dessus de vous. Au lieu de ça, depuis toujours, la vie n'est que ce qu'elle est, sourde, aveugle, indifférente. La matière se fout de votre courage et de votre dignité.

Le Mage Et la volonté ? Ma volonté ? La vôtre ?

Le Docteur S... Vous séjournez dans l'endroit du monde où la volonté est le moins présente.

Le Mage La liberté n'existe qu'à condition qu'on y croie et qu'on l'affirme. D'accord, l'ordre de la matière suit ses propres lois de composition et de décomposition, mais est-ce qu'une fois, une

---

14 **un chevet** un lit – 15 **roupiller** *fam* dormir – 16 **remplacer qn** ersetzen – **la Providence** Vorsehung – 18 **tenir compte de** considérer – 19 **châtier** punir – 21 **partisan,e** qui prend parti (Partei) – 22 **arbitraire** willkürlich – 25 **aveugle** qui ne peut pas voir – **indifférent,e** gleichgültig – 26 **la dignité** Würde – 28 **séjourner** passer son temps – 30 **à condition que** si

seule, vous ne voudriez pas mettre volontairement un petit grain de sable différent dans la machine indifférente ?

Silence du Docteur S…

Le Mage Un petit grain de sable… Un tout petit grain de sable… tout simplement… humain… pour en finir avec le hasard.

Silence du Docteur S…

Le Mage Et puis, docteur S…, imaginez : quelle volupté d'enfreindre le règlement…

Le Docteur S… Pourquoi ne pouvez-vous vous empêcher de mêler des sottises à des réflexions intelligentes ? *(Elle se lève.)*

Le Mage Parfois, en vacances, lorsque j'étais petit, je grimpais dans le prunier du jardin, je regardais d'en haut tout l'univers de notre village et je me sentais galvanisé, différent, supérieur. « Si je veux, pensais-je, je peux m'empêcher de respirer. » Et je retenais ma respiration. Et plus c'était difficile, plus je devenais rouge avec la chaleur qui enflait mes veines du cou, plus je me sentais fort, invulnérable. Evidemment, je finissais toujours par lâcher mais l'impression restait. D'autres jours, je me disais aussi : « Si je veux, je ne mourrai pas. » Ça me semblait facile, d'autant plus facile que, sur le moment, il n'y avait rien à faire. Plus tard, j'ai fini par saisir que je n'y échapperais pas. Inéluctable. Voici la première leçon de mon si long séjour auprès de vous : accepter l'inéluctable. Maintenant, je voudrais qu'on se serve de moi pour faire vivre la petite, mon cœur battra à la place du sien, j'aurai fait le cadeau de ma mort. Voici, cher docteur, ma deuxième leçon ici : aimer l'inéluctable.

Il pose la carte dans la main du Docteur S… et l'embrasse, le baiser faisant office de cachet.

Celle-ci se trouble, émue.

Elle voudrait répondre quelque chose. Elle ne peut pas.

Elle sort furtivement.

---

1 **un grain** Korn – 2 **le sable** Sand – 7 **enfreindre qc** gegen etwas verstoßen – 9 **mêler** vermischen – 11 **grimper** klettern – 12 **un prunier** Pflaumenbaum – 13 **galvaniser** stimuler – **supérieur,e** plus fort que les autres – 17 **invulnérable** unverwundbar – 21 **échapper à qc** entkommen – **inéluctable** auquel on ne peut pas échapper – 28 **un cachet** *ici:* Siegel – 29 **ému,e** troublé – 31 **furtif, -ive** rapide

Laura et Julien entrent dans la réception. Le Mage se cache derrière son grand journal.

LAURA *(agitée)* Si, je t'assure. Je sais qu'on oublie ce qui s'est passé ici lorsqu'on revient sur terre. Je n'avais gardé aucune conscience de mon premier séjour, la mémoire ne m'est revenue que lorsque les portes de l'ascenseur se sont écartées. Julien, imagine que nous n'allions pas nous reconnaître sur terre ?

JULIEN Je ne me fais pas de souci. Je te reconnaîtrai.

LAURA Non ! Un jour, nous allons nous croiser, n'importe où, dans un couloir, dans une rue, et ton regard passera au-dessus de moi, tu ne m'apercevras même pas.

JULIEN Impossible. Je te chercherai partout.

LAURA Moi aussi. Cependant, je veux que tu t'entraînes.

JULIEN Quoi ?

LAURA Je sais une chose qu'ignore même le Docteur S… Lors de mon précédent séjour, j'avais commencé à apprendre le tango avec Juan, un homme qui se trouvait ici.

JULIEN *(la repoussant par un réflexe de jalousie)* Comment !

LAURA *(riant)* Il avait plus de quatre-vingts ans. Il était tellement heureux de se retrouver souple, décloué de ses rhumatismes, qu'il voulait danser. Je lui ai servi de partenaire. Je n'avais jamais dansé.

JULIEN Soit.

LAURA *(subitement sérieuse)* Ecoute. Lorsque je suis redescendue, j'ai oublié cet hôtel, et Juan, et les leçons de tango. Mais mon pied savait toujours les pas. Je les esquissais malgré moi. La conscience oublie tout de ce qui est arrivé ici, mais la peau en garde la trace. Nous devons nous entraîner. Je veux être certaine que nos corps se reconnaissent.

Impérieusement, elle pose les mains de Julien sur sa taille.

LAURA Si tes mains ne sentent pas ça, ce n'est pas moi.

JULIEN Je t'aime.

LAURA Sens mes cheveux.

JULIEN Un parfum d'herbe fraîchement coupée et une odeur de poire…

---

16 **précédent,e** qui vient avant – 18 **repousser** pousser – **la jalousie** → jaloux – 20 **déclouer** *ici:* libérer – 34 **une poire** Birne

Laura Si tu ne sens pas ça, ce n'est pas moi.

Julien Je t'aime.

Laura Regarde mes yeux.

Julien Des fils verts et violets.

Laura Combien ?

Julien Mais je ne sais pas… il y en a… plus de mille…

Laura S'il y en a moins de mille, ce n'est pas moi.

Julien Je t'aime.

Laura Embrasse-moi.

Ils échangent un baiser qui les fait frissonner.

JULIEN Rassure-toi. Je n'oublierai pas.

Elle se dégage de lui, exaspérée.

LAURA Je suis idiote. Tu vas me chercher dans des tas de femmes qui ne seront pas moi, et, lorsqu'elles te souriront –elles te souriront toutes–, tu leur parleras, tu leur feras la cour, tu les embrasseras. Je vais obtenir le contraire de ce que je cherche. Non, non, il faut vite trouver autre chose.

JULIEN Je vais t'apprendre un code. Un code secret.

Il s'approche d'elle et la prend amoureusement contre lui. Elle s'y blottit. Il fait ce qu'il annonce en parlant.

JULIEN Je t'embrasse les oreilles : un, deux. Je t'embrasse le front : un, deux, trois, quatre. Je t'embrasse les yeux : un, deux, trois, quatre, cinq, six. Je t'embrasse les lèvres : un, deux, trois, quatre, cinq, six, sept, huit.

Laura, charmée par sa tendresse, semble un peu ivre.

LAURA Oui, c'est très bien. Répétons.

Ils recommencent.

LAURA Tu m'embrasses les oreilles : un, deux. Tu m'embrasses le front : un, deux, trois, quatre. Tu m'embrasses les yeux : un, deux, trois, quatre, cinq, six. Tu m'embrasses les lèvres : un, deux, trois, quatre, cinq, six, sept, huit.

Ils se séparent, grisés.

JULIEN Encore une fois ?

A ce moment-là entre le Docteur S…, suivie de ses deux assistants.

LE DOCTEUR S… Julien, il faut que je vous parle dans votre chambre.

---

20 **se blottir** sich ankuscheln – 25 **ivre** berauscht

JULIEN Bien.

Le Docteur S… passe devant le Mage et lui parle à mi-voix, pour n'être pas entendue des autres. Le Mage se lève.

LE DOCTEUR S… La carte est tombée par hasard de votre veste, un infirmier l'a ramassée et apportée au médecin.

Le Mage Par hasard ?

Le Docteur S… Par hasard !

Le Mage Le hasard fait bien les choses.

Le Docteur S… Parfois. *(Un temps.)* Ils appellent votre neveu. Celui-ci découvre avec surprise votre état. Il est embarrassé. Il dit qu'il n'est pas pour l'acharnement thérapeutique. Il dit aussi qu'il vous aimait beaucoup.

Le Mage Qu'il m'aimait beaucoup…

Frappé par cet imparfait, le Mage a une petite défaillance. Il se rattrape au dossier d'un fauteuil. Julien quitte la pièce avec le Docteur et les assistants.

LAURA *(surprise par la pâleur du Mage)* Vous ne vous sentez pas bien ?

LE MAGE Si, si…

Il s'assoit.

Elle se met près de lui.

LE MAGE Vous savez, j'avais une fille, autrefois, elle vous ressemblait un peu. Les mêmes petits yeux ironiques qui avaient l'air de se ficher du monde, la même impertinence dans le profil, cet air crâne de celle qui ne se laisse pas impressionner par la vie, les mêmes cheveux lourds, soyeux, comme de la bonne santé qui ruisselle… Quand je la regardais, je la trouvais tellement belle, tellement femme, que je me disais : « Ce n'est pas possible, elle n'a pas pu venir de toi. » Elle avait des pouvoirs magiques : lorsqu'elle entrait dans une pièce, elle faisait fondre toutes les médiocrités de l'existence. A l'époque, j'étais représentant de commerce, des journées de voyage, des nuits d'hôtel interchangeables, des clients

---

5 **ramasser** *ici:* prendre – 10 **embarrassé,e** verlegen – 11 **l'acharnement** *m* **thérapeutique** künstliche Lebenserhaltung – 14 **une défaillance** un moment de faiblesse – **se rattraper** *ici:* se tenir – 17 **la pâleur** Blässe – 24 **se ficher de** se moquer – **l'impertinence** *f* Frechheit – 25 **crâne** courageux – 27 **ruisseler** rinnen, triefen – 30 **fondre** schmelzen – **la médiocrité** Mittelmäßigkeit – 32 **interchangeable** qu'on peut échanger

qui me claquaient la porte au nez, mais au fond des ténèbres, il y avait ma veilleuse, ma lumière, ma fille. Mes affaires tout d'un coup sont devenues meilleures, j'ai décroché de gros contrats outre-Atlantique. Un jour, alors que j'étais au fin fond des Etats-Unis, dans un motel, elle m'a appelé. Elle avait la voix humide. « Papa, je suis un peu malade. » Elle a dû être internée à l'hôpital. J'étais obligé de rester de l'autre côté de l'Océan, je faisais pour mon entreprise la plus grosse affaire commerciale imaginable, j'étais ligoté à ce succès, je ne pouvais pas revenir. Et j'en éprouvais une certaine euphorie. Je sentais, au téléphone, sa voix toujours plus faible, mais je pensais qu'elle était jeune, et forte, et qu'elle retrouverait la santé et le moral sitôt que son père rentrerait. *(Un temps.)* Une maladie l'a fait mourir à vingt ans. Un virus. Une machine de guerre implacable qui grignote les forces, les chairs, et qui, un jour, ne vous laisse qu'un tout petit cadavre sur un lit. Je suis arrivé trop tard. Juste après.

Il s'arrête, brisé par l'émotion. Laura, spontanément, pose sa tête sur son épaule.

LE MAGE J'ai quitté mon travail. J'ai fait tourner les tables, briller les boules de cristal. Je voulais qu'elle me parle, qu'elle n'ait pas disparu. Et je ne découvrais que du silence. Alors je suis devenu le Mage Radjapour, toujours coiffé de ce fichu turban d'opérette qui me servait d'abord de bâillon, pour m'empêcher de hurler de douleur. *(Un temps.)*

Les souvenirs que l'on garde d'un enfant mort sont comme enfermés dans un sanctuaire, protégés par la peine ; ils n'ont pas la même étoffe que les autres souvenirs. Infroissables. Intouchables. *(Un temps.)* Je n'ai rien su faire pour elle.

LAURA Vous ne pouviez pas.

LE MAGE Je n'étais même pas là.

Laura Vous ne pouviez pas.

Le Mage Je me sentais coupable. J'aurais voulu… réparer.

---

1 **les ténèbres** *f* Dunkelheit – 2 **une veilleuse** une lumière – 3 **décrocher** *fam* erhalten – 5 **humide** ≠ sec – 6 **interner** einweisen – 8 **ligoté,e** ≠ libre – 14 **implacable** cruel – **grignoter** manger petit à petit – 15 **un cadavre** Leiche – 20 **une boule** Kugel – 23 **un bâillon** Knebel – 26 **un sanctuaire** Heiligtum – 27 **infroissable** knitterfrei – **intouchable** unantastbar

LAURA Réparer ? On ne répare pas.

Il relève la tête et sourit.

LE MAGE Si. Je l'ai fait. Un jour. Avec quelqu'un d'autre.

LAURA Vraiment ?

LE MAGE Oui.

Un temps.

LAURA Ce jour-là dut être merveilleux.

LE MAGE *(les larmes aux yeux de bonheur)* Merveilleux.

Laura s'approche de lui et parle très simplement, avec grâce.

LAURA Je vous aime bien. Tout le monde se moque un peu de vous ici. Mais moi, je vous aime bien.

LE MAGE *(pleurant et souriant)* Merci.

Elle se jette dans ses bras. Trop ému, un peu maladroit, il ne sait comment la serrer contre lui.

A ce moment-là, le Docteur S… entre prestement, suivie de ses deux assistants.

Elle va, à son habitude, vider la pièce mais, lorsqu'elle voit Laura dans les bras du Mage, elle s'arrête un instant.

Puis elle dit doucement :

LE DOCTEUR S… Laura, je suis obligée de vous demander de me laisser seule avec le Mage.

LAURA Bien, docteur.

Laura quitte le Mage avec légèreté.

LAURA A tout à l'heure ?

LE MAGE *(mettant la main sur son cœur)* A tout à l'heure.

Laura disparaît.

Le Docteur S… est allée consulter le tableau de bord où une lumière clignote au rouge. La sonnerie retentit. Elle se retourne vers le Mage.

LE DOCTEUR S… Excusez-moi, nous sommes déjà en retard.

LE MAGE Est-ce que cela va marcher ?

LE DOCTEUR S… Mettez-vous dans l'ascenseur.

Elle l'accompagne jusqu'à l'ascenseur qui s'ouvre.

LE MAGE Docteur, je sais que vous n'avez pas le droit de me dire quoi que ce soit, mais est-ce que ça va marcher ?

Il est déjà dans la cabine.

---

13 **maladroit,e** ungeschickt – 15 **preste** rapide – 29 **en retard** trop tard

LE DOCTEUR S... L'équipe médicale a décidé de greffer votre cœur à la place de celui de Laura.

LE MAGE Merci.

LE DOCTEUR S... *(bouleversée).* Non, ne dites rien. Personne ne m'a jamais dit merci. Surtout en partant vers le haut.

LE MAGE *(avant que les portes ne se joignent)* Merci.

L'ascenseur est maintenant fermé. On voit la flèche du haut s'allumer. On entend le grand souffle du départ.

Fin de la sonnerie.

Le Docteur S... se tourne, inquiète, vers ses assistants qui ont compris qu'elle a enfreint la loi.

LE DOCTEUR S... Je sais. C'est contre la Règle.

La sonnerie retentit de nouveau.

LE DOCTEUR S... Allez vite chercher Laura.

Les assistants courent. Quelques secondes plus tard, ils reviennent, suivis de Laura et Julien enlacés.

LE DOCTEUR S... Laura, c'est à votre tour.

LAURA *(dans les bras de Julien, subitement effrayée)* Non, non, pas déjà.

LE DOCTEUR S... *(regardant avec inquiétude son tableau)* S'il vous plaît, Laura, il n'y a pas une seconde à perdre.

LAURA Non, pas encore ! Et le Mage, j'aurais voulu embrasser le Mage !

Julien n'a pas l'air effrayé. Il conduit Laura à l'ascenseur et, là, l'étreint violemment.

Les assistants séparent lentement les deux amants et poussent doucement Laura vers la cabine.

JULIEN Confiance, mon amour.

LAURA *(répétant fébrilement)* Un, deux : tu m'embrasses les oreilles. Un, deux, trois, quatre : tu m'embrasses le front. Un, deux, trois, quatre, cinq, six : tu m'embrasses les yeux. Un, deux, trois, quatre, cinq, six, sept, huit : tu m'embrasses les lèvres.

Elle est seule dans la cage, elle tremble.

Les portes se referment.

LAURA *(son cri étant étouffé)* Julien !

---

4 **bouleversé,e** très ému – 18 **effrayé,e** qui a peur – 24 **étreindre** serrer

Les assistants, le Docteur S… regardent avec angoisse les deux flèches. Soudain la flèche descendante s'allume.

L'ascenseur part.

JULIEN *(hurlant de joie)* Oui ! Oui ! Oui !

Trop heureux, il embrasse le Docteur, les deux assistants qui ne s'opposent pas à cette démonstration.

JULIEN Docteur, merci de m'avoir dit tout à l'heure ce qu'avait fait le Mage. Sinon je n'aurais pas eu le courage d'accompagner Laura jusqu'à l'ascenseur. C'était le deuxième miracle.

LE DOCTEUR S… *(regardant avec gêne ses assistants)* Taisez-vous.

Le Docteur S… s'appuie sur un mur pour reprendre son souffle.

LE DOCTEUR S… Rien ne se passe selon la Règle. Demain, ce sera différent !

Elle regarde alors les deux anges blancs qui sourient énigmatiquement. Elle comprend le message, se détend et sourit à son tour.

LE DOCTEUR S… Vous avez raison : demain ne sera pas différent.

Elle retourne à son tableau et annonce à Julien.

LE DOCTEUR S… Ce sera bientôt votre tour.

JULIEN *(doucement)* Dans quel sens ?

LE DOCTEUR S… Je ne le sais pas.

JULIEN *(encore plus doucement)* Docteur, est-ce que vous connaissez, vous, ce qu'il y a là-haut ?

Le Docteur va pour répondre, mais se rend compte qu'elle est en présence de ses assistants. Ceux-ci perçoivent sa gêne. Ils se consultent et disparaissent.

Le Docteur demeure seule avec Julien.

LE DOCTEUR S… *(secouant la tête)* Non.

JULIEN Même vous ?

Le Docteur S… Je ne connais que ma fonction. Vous recevoir. Vous faire attendre. Puis vous reconduire à l'ascenseur. *(Un temps.)* Je ne sais rien, je tiens la porte. *(Un temps.)* Je sais seulement que si l'on monte, le voyage devient irréversible.

Julien Pourquoi vous appelle-t-on Docteur ?

---

5 **s'opposer à** gegen etw. sein – 6 **une démonstration** *ici:* (Freude)Bekundung – 8 **accompagner** aller avec – 14 **énigmatique** geheimnisvoll – 25 **percevoir** remarquer – 32 **irréversible** qui ne fonctionne que dans un sens

Le Docteur S… C'est ainsi que vous m'avez perçue aujourd'hui. Cela peut changer. Cela dépend des moments. *(Un temps.)* Vous, par exemple, vous m'avez prise pour une femme.

Julien Pardon ?

Le Docteur S… Le Président Delbec me voyait comme un homme.

Julien *(ahuri)* Tout cela me dépasse !

Le Docteur S… (avec un sourire complice) Moi aussi. *(Un temps.)* Pour moi, comme pour vous, la mort n'est pas un fait, mais un mystère.

Julien Vous en savez plus que vous ne m'en dites. *(Un temps.)* Si la vie est un don, qui nous a fait ce don ?

Le Docteur S… A votre avis ?

Julien Je vous le demande.

Le Docteur S… Moi aussi.

Julien *(lentement)* Dieu ? Ou la vie elle-même ?

Le Docteur S… A cette question, même les réponses ont des points d'interrogation. Dieu ? La vie elle-même ? Qu'est-ce que cela change ? Dans tous les cas, cela veut dire que vous avez des dettes.

Julien Des dettes ?

Le Docteur S… On vous a fait un cadeau. Il faut le recevoir.

Julien Bien sûr.

Le Docteur S… Puis le soigner.

Julien Oui.

Le Docteur S… Et enfin le transmettre, le cadeau, donner la vie à votre tour : des enfants, des actes, des œuvres, de l'amour…

Julien Bien sûr. *(Réfléchissant.)* Et comme ça, peut-être, à la fin de notre temps, lorsque le cadeau sera justement en train de s'épuiser, nous l'aurons peut-être, enfin, mérité…

Le Docteur S… *(mystérieuse)* Peut-être…

Julien Alors vous ne savez pas ce qu'est la mort ?

Le Docteur S… La pire des choses qui pourrait arriver à cette question, c'est une réponse.

La sonnerie retentit.

Le Docteur S… C'est votre tour.

---

6 **ahuri,e** très étonné – **dépasser qn** *ici:* être trop compliqué pour qn – 11 **un don** un cadeau – 18 **une dette** Schuld – 22 **soigner** pflegen – 24 **transmettre** weitergeben

Les deux assistants réapparaissent.
Les portes de l'ascenseur s'ouvrent.
Docilement, Julien s'y rend.

JULIEN C'est curieux. Même si je devais mourir maintenant, je serais… serein.

LE DOCTEUR S… La confiance.

JULIEN Pourtant, je n'en sais pas plus. Mais je suis moins effrayé par ce que j'ignore.

LE DOCTEUR S… La confiance est une petite flamme qui n'éclaire rien mais qui tient chaud.

Julien entre dans la cage mais là, subitement, il est pris d'inquiétude.

JULIEN Docteur S…, si Laura et moi nous nous retrouvons sur terre, croyez-vous que nous nous reconnaîtrons ?

LE DOCTEUR S… Je le crois. Sitôt sorti de l'ascenseur, vous oublierez tout mais il existe sur terre une mémoire inconsciente de ce qui s'est passé en dehors de la Terre, une mémoire profonde, tapie dans les replis de l'esprit et qui se réactive au premier regard que deux individus s'adressent et qui les fait se reconnaître. Cela s'appelle le coup de foudre.

Les portes se referment sur Julien.
Le Docteur S… et les deux anges regardent au-dessus de l'ascenseur quelle flèche va s'allumer.
Mais la lumière augmente jusqu'au blanc incandescent, jusqu'à un blanc éblouissant, aveuglant, comme si l'hôtel s'évanouissait tout entier dans la clarté, avant que l'on ait pu savoir si Julien mourait ou redescendait sur terre.

---

1 **réapparaître** → apparaître – 5 **serein,e** tranquille – 11 **une cage (d'ascenseur)** Aufzugschacht – 16 **tapi,e** caché – 17 **un repli** *ici:* Falte – 23 **incandescent,e** glühend – 24 **éblouissant,e** blendend

Textes complémentaires

Schmitt sur *Hôtel des deux mondes*

On me demande souvent comment j'ai eu l'idée de cet hôtel entre deux mondes.

Et de cet ascenseur. Même en me triturant douloureusement la cervelle, je n'arrive pas à m'en souvenir.

D'où viennent les idées ? Pourquoi s'imposent-elles ?

Je n'ai jamais connu la situation de mes personnages, le coma. Mais j'ai vu des proches partir dans cet endroit mystérieux ; certains en sont revenus, d'autres pas. Ce qui me frappe, chez les rescapés, c'est leur joie, leur allégresse, leur appétit. Quels bons vivants ils sont devenus depuis ! Eux-mêmes estiment, en riant, qu'ils s'étaient comportés auparavant en très mauvais vivants.

Cette métamorphose me fit réfléchir. Frôler la mort, découvrir que la mortalité est la trame essentielle de l'existence, cette expérience qu'on pourrait croire dramatique, leur a ouvert les yeux : ainsi la vie ne va pas de soi, elle est un étrange cadeau qu'on reçoit mieux la seconde fois. Les revenants seuls éprouvent de la gratitude. Le bonheur serait-il lié à la méditation de la mort ?

J'ai moi-même connu des situations dites « limites », une où j'aurais pu mourir, une autre où j'aurais dû mourir.

Qu'on me pardonne de ne pas en dire plus, j'ai toujours refusé de raconter ma vie ; je préfère la filtrer et l'exprimer à travers celle de mes personnages ; dans mes écrits, « je » reste toujours un pseudonyme.

---

3 **se triturer la cervelle** *fam* sich das Hirn zermartern – **douloureusement** schmerzhaft – 7 **les proches** *m* Angehörige – **mystérieux, -euse** geheimnisvoll – 8 **un,e rescapé,e** Überlebende(r) – 9 **la joie** Freude – **l'allégresse** *f* la joie – **un bon vivant** qn qui profite de la vie – 10 **estimer** être d'avis – **se comporter** sich verhalten – 12 **une métamorphose** une grande transformation – **frôler qc** *ici:* einer Sache entgehen – 13 **la mortalité** Sterblichkeit – **une trame** Gerüst – **essentiel,le** très important – 15 **aller de soi** selbstverständlich sein – **étrange** bizarre – 16 **un,e revenant,e** *ici:* qn qui a échappé à la mort – **éprouver** fühlen – **la gratitude** Dankbarkeit – 18 **limite** *ici:* Grenz-

Aux portes de la mort, j'ai été surpris, confondu par le sentiment qui m'est tombé dessus : la sérénité. Moi qui était capable d'avoir peur d'une araignée, d'une remarque désagréable, d'un visage fermé, d'une lettre des impôts – et je le suis toujours –, voilà que subitement je n'éprouvais ni peur, ni angoisse. L'inquiétude partait. Restait un sentiment de plénitude. « Tout est justifié » me disait une voix intérieure qui n'était sans doute pas la mienne.

L'abandon au mystère, tel est l'objet de cette pièce…

Tel est le trajet ahurissant que fait Julien. Que je suis heureux que, depuis sa création, les gens ne cessent de m'arrêter dans la rue ou au restaurant, de m'attraper le bras et de me souffler à l'oreille, cette réplique qu'ils savent par cœur.

« La confiance est une petite flamme qui n'éclaire rien mais qui tient chaud. »

Julien, lorsqu'il arrive dans cet hôtel, est l'homme de notre temps : pessimiste, matérialiste, angoissé, il roule trop vite, il aime trop vite, il pense trop vite. Il possède tous les préjugés du prêt-à-penser contemporain : les certitudes négatives. Ce poids idéologique l'étouffe, l'empêche de vivre, le tient à distance des êtres et des choses, le désengage.

Cette attente forcée, les rencontres qu'il y fait, la méditation sur son destin, vont le modifier radicalement. Il repart avec une force qu'il n'avait pas en entrant, la force de consentir.

Vertu de l'attente…

J'avais eu, un instant, envie d'appeler cette pièce « La salle des pas perdus » mais j'y ai renoncé lorsque je me suis rendu compte que les pas n'étaient pas perdus.

---

1 **confondu,e** verblüfft – **un sentiment** Gefühl – 2 **la sérénité** Gelassenheit, Ausgeglichenheit – 3 **une araignée** Spinne – 4 **un impôt** Steuer – **subitement** tout à coup – 5 **l'angoisse** *f* la peur – **l'inquiétude** *f* → s'inquiéter – 6 **la plénitude** Vollendung – 7 **sans doute** *m* wahrscheinlich – 8 **un abandon** *ici:* Hingabe – **un mystère** → mystérieux – **tel,le est**… das ist… – 9 **un trajet** Weg – **ahurissant,e** très étonnant – 11 **attraper** *ici:* packen – **souffler** *ici:* flüstern – 12 **une réplique** au théâtre, une réponse – 13 **la confiance** Vertrauen – 17 **posséder** avoir – **un préjugé** Vorurteil – 18 **contemporain,e** qui est de la même époque – **une certitude** qc dont on est sûr – 21 **une attente** → attendre – **forcé,e** gezwungen – 22 **un destin** Schicksal – **modifier** changer – 23 **consentir** être d'accord avec – 24 **une vertu** Tugend – 26 **renoncer** verzichten

On m'a beaucoup interrogé sur cet étrange Docteur S. Moi aussi. Toutes les questions qu'on me pose, je me les suis posées, et je ne suis capable d'y répondre à toutes.

Pourquoi un docteur pour organiser ce passage ? Parce que le médecin est aujourd'hui l'intercesseur entre la mort et nous.

Pourquoi ce docteur a-t-il plusieurs sexes ? Parce qu'il n'en a aucun.

Pourquoi s'appelle-t-il le Docteur S ?

Cette question-là, j'ai voulu que les spectateurs se la posent et y répondent eux-mêmes. On m'a apporté beaucoup de solutions ; qui m'ont toutes plu : « Docteur S » car « doctoresse » ; S. comme Sphinx, Styx, Silence, Signe, Sérénité, Soupir.

Un soir de février 2000, Francine Bergé, grande tragédienne qui me fit l'honneur de reprendre le rôle, m'a exposé une théorie stupéfiante : elle m'assure que le docteur S est moi-même, Schmitt, c'est-à-dire l'auteur, le dramaturge, elle en concluait S comme Schmitt qui fait entrer et sortir les personnages, qui a des dossiers sur eux, qui refuse de leur dire tout ce qu'il sait d'eux, qui organise un psychodrame, de vraies entrées et fausses sorties, et qui avoue tristement n'avoir de pouvoir que dans le cadre de cet hôtel (la scène), et aucun sur terre (la réalité).

Tel est le dramaturge qui emprunte tous les sexes lorsqu'il compose une pièce, le docteur apparaît tantôt homme, tantôt femme, et, « comme toi, ajouta-t-elle, il est un messager de l'incertain. »

Je lui laisse la responsabilité de dire de si belles choses.

© Eric-Emmanuel Schmitt

---

4 **un passage** Übergang – 5 **un intercesseur** Vermittler – 9 **un spectateur, une spectatrice** Zuschauer – 11 **une doctoresse** Ärztin – 12 **le Styx** [stiks] le fleuve des *Enfers* (Hölle) – 13 **un,e tragédien,ne** acteur de tragédie – 14 **l'honneur** *m* Ehre – **exposer** présenter – **stupéfiant,e** très étonnant – 16 **conclure** zum Schluss kommen – 19 **avouer** zugeben – 20 **un cadre** Rahmen – 22 **emprunter** ausleihen – **composer** *ici:* écrire – 23 **tantôt... tantôt...** mal... mal... – 24 **un messager** Botschafter – **incertain,e** ≠ certain – 25 **une responsabilité** Verantwortung

L'angoisse de la mort

Est-ce que notre vie nous appartient ? Est-ce que la mort est une fin ? Y a-t-il un grand livre où tout est écrit ? Et par qui ? Par dieu, par le diable où par le destin ? Ou bien sommes-nous libres, complètement libres ? On ne reprochera pas à Eric-Emmanuel Schmitt de se poser ces questions-là, et d'autres encore, qui sont essentielles et même existentielles.

Pour une fois qu'un bon auteur dramatique français s'intéresse à autre chose qu'à la réalité sociale ! Et l'on saluera son courage : porter à la scène ces problématiques-là, ça n'est pas commode. Pascal, d'ailleurs, n'écrivit jamais pour le théâtre ! On rendra enfin hommage à Schmitt pour sa sincérité : visiblement c'est sa propre angoisse qu'il nous livre, ce qui donne à sa pièce « Hôtel des deux mondes » un accent d'innocence assez troublant.

Quelle angoisse ? Celle de la mort, bien sûr. Elle obsède Schmitt, on le sent depuis qu'on fréquente son théâtre. Cette fois, il a décidé de frapper un coup et de régler ses comptes avec elle. Sa pièce est une cérémonie théâtrale d'exorcisme de la mort. Les personnages, dans ces limbes ténébreux où ils errent hors de leur corps, ces malheureux sont soumis à une épreuve atroce et obligés à une réflexion fondamentale qui, du fait des circonstances, porte davantage sur le mystère de la mort que sur l'absurdité de la vie, ce en quoi Schmitt renouvelle heureusement la thématique favorite de ce demi-siècle.

Et de fait, il y a une espèce d'allégresse, de gaieté naturelle dans cette tragi-comédie, en dépit du sujet qu'elle traite.

© Philippe Tesson, *Le Figaro Magazine*, 16 octobre 1999.

---

3 **un destin** Schicksal – 4 **reprocher** vorwerfen – 5 **essentiel,le** très important – 9 **commode** facile – **Pascal** philosophe français (1623–1662) – 10 **rendre hommage** *m* die Ehre erweisen – 11 **la sincérité** Ehrlichkeit – **visiblement** offensichtlich – **l'angoisse** *f* la peur – 13 **l'innocence** *f* Unschuld – **troublant,e** verwirrend – 14 **obséder** verfolgen – 15 **fréquenter** häufig besuchen – 16 **régler ses comptes** *m* abrechnen – 18 **les limbes** *m* une région mal définie – **ténébreux, -euse** finster – **errer** herumirren – **un corps** Körper – 19 **soumis,e** *ici:* unterzogen – **une épreuve** Prüfung – **atroce** furchtbar – **une réflexion** → réfléchir – 20 **du fait de** aufgrund – **les circonstances** *f* Umstände – **davantage** plus – **un mystère** Geheimnis – 21 **renouveler** erneuern – 22 **favori,te** préféré – 23 **une espèce** une sorte – **l'allégresse** *f* Freude – **la gaieté** Fröhlichkeit – 24 **en dépit de** malgré – **traiter de qc** parler de qc